Paul Kazadi Katambala

Die Auslegung der grundlegenden der Diskriminierung im Arbeitsrecht

Paul Kazadi Katambala

Die Auslegung der grundlegenden der Diskriminierung im Arbeitsrecht

Konkreter Fall, ein Lösungsvorschlag und die verschiedenen deutschen wissenschaftlichen Meinungen zur Diskriminierung

Lehrbuchverlag

Imprint

Any brand names and product names mentioned in this book are subject to trademark, brand or patent protection and are trademarks or registered trademarks of their respective holders. The use of brand names, product names, common names, trade names, product descriptions etc. even without a particular marking in this work is in no way to be construed to mean that such names may be regarded as unrestricted in respect of trademark and brand protection legislation and could thus be used by anyone.

Cover image: www.ingimage.com

Publisher:
Der Lehrbuchverlag
is a trademark of
Dodo Books Indian Ocean Ltd. and OmniScriptum S.R.L publishing group

120 High Road, East Finchley, London, N2 9ED, United Kingdom
Str. Armeneasca 28/1, office 1, Chisinau MD-2012, Republic of Moldova, Europe
Managing Directors: Ieva Konstantinova, Victoria Ursu
info@omniscriptum.com

Printed at: see last page
ISBN: 978-620-0-45016-6

A. Einführung

A 1. Die Problematik

Könnte uns die Globalisierung an die Entstehung einer homogenen und friedlichen Welt glauben lassen?

Diese Frage scheint problematisch zu sein, denn daraus ergibt sich eine Form von Kontrasten, dass die Globalisierung zu Abkommen wie dem Schengen-Abkommen und so vielen anderen führen konnte, die es dem Menschen ermöglichen, sich frei zu bewegen und in dem Land seiner Wahl zu arbeiten. Und andererseits, obwohl er diese Freiheit hat, aber dennoch scheint diese Freiheit durch ein Phänomen eingeschränkt zu werden, das sich innerhalb mehrerer Staaten befindet und sogar supranational sein könnte, genannt Diskriminierung oder Rassismus.

Aber wenn wir über dieses krebsartige Gangrän nachdenken müssen, das „Diskriminierung“ ist, das ein destrukturierendes Element der Globalisierung im Arbeitsrecht ist.

Was diese Arbeit vorschlägt, ist gerade, die Blicke im vergleichenden Arbeitsrecht in der Art und Weise zu kreuzen, wie diese zeitgenössische Rechtsproblematik verstanden wird.

Wäre es nicht sinnvoll, einen Blick auf die neuen Typologien zu werfen, die es ermöglichen, die Konvergenz- und Divergenz Punkte der verschiedenen Rechtssysteme zu konfrontieren? Um daraus eine oder mehrere Lehren zu ziehen, die es den nationalen Rechten ermöglichen, obwohl sie mit infra nationalen oder supranationalen Regeln konkurriert sind, sich je nach Kontext zu verbessern oder weiterzuentwickeln.

A 2. Abgrenzung des Themas:

Wir werden in dieser Arbeit zunächst über die Diskriminierung im Arbeitsrecht in den drei Ländern sprechen: Deutschland, die Demokratische Republik Kongo und Frankreich, dann über ihre Punkte der Konvergenz und Meinungsverschiedenheiten und eine allgemeine Schlussfolgerung, um diese Arbeit abzuschließen.

Darüber hinaus werden wir über einige Fälle im Zusammenhang mit der Diskriminierung nachdenken, die auch als Tribalismus bezeichnet wird, also Rassismus, von dem jedoch nichts mit dem Arbeitsrecht zu tun hat, der es uns aber ermöglichen könnte, eine angrenzende Argumentation zu diesem komplexen Thema zu haben.

B Diskriminierung / oder Rassismus im deutschen Recht

I. Allgemeines und Definition

Es ist wichtig zu betonen, dass in Bezug auf die Arbeitswelt in Deutschland, ihren Zugang, ihre Bedingungen und die Entlassung jeder Einzelne vor Diskriminierung geschützt ist, auch wenn es um die Frage der Berufsausbildung geht. (www.antidiskriminierungsstelle.de)

A. Definition von Diskriminierung in Deutschland

Diskriminierung ist definiert als ungerechtfertigter Nachteil und/oder Verunglimpfung, die eine Person aufgrund bestimmter persönlicher Eigenschaften und/oder unterschiedlicher Merkmale erleidet.

Diese diskriminierenden Merkmale sind unter anderem ethnische Herkunft, Geschlecht, Religion oder Überzeugungen, verschiedene Formen der Behinderung, Alter und sexuelle Orientierung.

Der Mensch kann sich in seinem Unterbewusstsein diskriminierend verhalten oder auch nicht. Sie kann aber durch einige Verhaltensweisen, wie Aussagen, Gesten oder Handlungen wie z.B. sexuelle Belästigung, erkannt werden. (www.connexion.emploi.com)

B. Eine Art Diskriminierung:

Es gibt zwei Arten von Diskriminierung, die sind: - direkte Diskriminierung und indirekte Diskriminierung.

Der Unterschied zwischen direkter und indirekter Diskriminierung

Direkte Diskriminierung (Mittelbare Diskriminierung) ist ein direkter Nachteil für eine Person oder eine Gruppe von Individuen. Sie kann in einer vergleichbaren Situation erkannt werden, wenn eine Person aufgrund eines Merkmals schlechter behandelt wird als eine andere Person.

Die indirekte Diskriminierung (Unmittelbare Diskriminierung) hingegen manifestiert sich, wenn Bestimmungen, Maßnahmen, Auswahlkriterien oder bestimmte Praktiken, obwohl sie scheinbar neutral zu sein scheinen, aber in Wirklichkeit sind sie es nicht, weil sie zu einer ungünstigen Behandlung einer Person oder von Personen oder Gruppen von Individuen führen. (www.connexion.emploi.de)

C. Diskriminierung am Arbeitsplatz

Diskriminierung am Arbeitsplatz kann sich in verschiedenen Formen manifestieren.

Obwohl sie Ungleichheiten sind, erscheinen sie in den Augen der Arbeitnehmer als Normen, denen sie wegen der Unkenntnis ihrer Rechte und Pflichten nichts können.

Es ist wichtig, einige regelmäßige Diskriminierungsfälle am Arbeitsplatz zu untersuchen.

A a Diskriminierung während der Rekrutierung.

In der Arbeitswelt kann sich Diskriminierung in der Vorphase des Einstellungsverfahrens manifestieren. Einige Bewerber werden aus dem einen oder anderen im vorstehenden Punkt aufgeführten diskriminierenden Grund nicht zum Vorstellungsgespräch eingeladen.

So setzt sich der Arbeitgeber, der gegen das anti-diskriminierende Gesetz verstoßen hat, einen Schadensersatzanspruch aus, der von der diskriminierten Person geltend gemacht werden könnte. (Schadensersatzanspruch).

In mehreren Fällen erscheint es zweideutiger, die Höhe dieses Schadens mit mehr Klarheit zu bestimmen, da in dieser Angelegenheit die Beweislast bei der Person liegt, die vorgibt, diskriminiert zu sein, er muss daher nachweisen, dass er einen materiellen Schaden erlitten hat, indem er auch nachweist, dass die vorgeschlagene Stelle von ihm besetzt worden wäre, wenn er nicht Opfer eines diskriminierenden Nachteil So kann er von einem Gewinn profitieren.

B b. Diskriminierung bei sexueller Belästigung:

Diese ist nach Angaben der Antidiskriminierungsstelle (Antidiskriminierungsstelle) die häufigste Art der Diskriminierenden-Verfahren.

Laut der von der vorgenannten Agentur durchgeführten Umfrage aus dem Jahr 2015 war mehr als einer von zwei Beschäftigten bereits Opfer oder Zeuge sexueller Belästigung am Arbeitsplatz. Hier sind die am meisten betroffenen Personenkategorien Frauen.

Sie zeichnet sich beispielsweise dadurch aus, dass sich Kollegen ungewöhnlich und unnötig nähern, körperliche Berührungen praktizieren, sexuelle Anspielungen machen oder pornografische und andere Bilder zeigen.

So verletzen sie die Würde der betroffenen Person und sollten nicht toleriert werden. In diesem Fall können die Betroffenen entweder Schadensersatz verlangen oder auf ihr von der AGG vorgesehenes Recht auf Arbeitsverweigerung zurückgreifen.

C c. Altersdiskriminierung durch das Alter

Sie manifestiert sich bei der expliziten Suche nach Bewerbern einer bestimmten Altersgruppe in einem Stellenangebot.

Sie äußert sich auch entweder in unterschiedlichen Gehältern oder in ungerechtfertigten Unterschieden in der Anzahl der gewährten Urlaubstage. (nach AGG). Die Liste ist nicht erschöpfend.

D d. Diskriminierung aufgrund einer Schwangerschaft.

Laut AGG ist die Diskriminierung schwangerer Frauen in der Bundesrepublik Deutschland ein Nachteil aufgrund des Geschlechts. So kann eine schwangere Frau, wenn einer schwangeren Frau eine Stelle verweigert wird oder bei Beförderungen ignoriert wird, bereits einen Anwalt suchen.

Die Rechtsprechung in diesem Bereich:

- Das Berliner Arbeitsgericht (Landesarbeitsgericht Berlin-Brandenburg) hat einer Arbeitnehmerin eine fünfstellige Entschädigung gewährt, weil sie für eine Beförderung nicht berücksichtigt worden war.

Zuvor war der Betroffenen mitgeteilt worden, dass sie gute Chancen auf die Stelle habe. Zudem hatte sie bereits mehrfach als Stellvertreterin an der zu besetzenden Stelle gearbeitet. Als die Stelle schließlich frei wurde, wartete die Arbeitnehmerin auf ein Kind. Es ist ein Kollege, der befördert wurde. Das Gericht erkannte schließlich die Anhaltspunkte an, dass die Betroffenein aufgrund ihrer Schwangerschaft ausgeschlossen worden sei. Der Arbeitgeber konnte das Gegenteil nicht nachweisen und musste Schadensersatz zahlen.

- Auch das Kölner Landgericht (Landesarbeitsgericht Köln) hat zugunsten einer schwangeren Frau entschieden. Ein Arbeitgeber hatte eine Mitarbeiterin der einwilligen Täuschung beschuldigt, weil sie ihre Schwangerschaft bei ihrer Einstellung als Ersatz für eine andere Mitarbeiterin verschwiegen hatte. Das Gericht wies den Vorwurf zurück und war der Ansicht, dass es keine Informationspflicht gebe. Die Frage nach der Schwangerschaft hat immer eine diskriminierende Wirkung auf das Geschlecht und ist daher im Sinne der AGG unzulässig.

E e. Diskriminierung aufgrund von religiösen Überzeugungen und Praktiken

Das Tragen des Kopftuchs für muslimische Frauen ist der konkreteste Fall. Denn es kann sein, dass sie nicht einmal zu Vorstellungsgesprächen eingeladen werden oder ihr Arbeitgeber sie eindeutig auffordert, die Schals auszuziehen. (www.connexion.emploi.de)

II. Konkreter Fall und Lösungsvorschlag im Recht

(Oliver Haag: Arbeitsrecht für dümmies 4. Auflage S. 69 Wiley Verlag GmbH & Co. KGaA, Weinheim 2019)

Sophie Seger, geboren 1961 in Gera (Thuringen), hat sich für eine angekündigte Stelle als Buchhalterin bei der Mauer GmbH mit Sitz in Stuttgart beworben. Obwohl Sophie über die erforderlichen Qualifikationen verfügt und auch über die im Stellenangebot genannte Berufserfahrung verfügt, wird ihre Bewerbung nicht berücksichtigt. Nach einigen Wochen erhielt sie ihre Bewerbungsunterlagen von der Maurer GmbH mit einem Freundschaftsbrief und Dank für ihr Interesse. Während Sophie ihre Dokumente durchblättern, war sie enttäuscht, weil sie bemerkte, dass eine Mitarbeiterin der Maura GmbH einige der folgenden Notizen in ihren Lebenslauf geschrieben hatte: „0ssi" mit einem umkreisten Subtraktionszeichen, „DDR" mit einem umkreisten Subtraktionszeichen, „Frau" mit einem umzinierten Subtraktionszeichen. Sophie Seghers ist empört über das, was sie für skandalöse Diskriminierung hält, und fordert Entschädigung von der Maurer GmbH.

Frage: Hat sie das Recht?

1. Überlegungen und Überlegungen.

Man kann sich fragen, ob Sophie Segher Anspruch auf Entschädigung hat.

Schadensersatzansprüche sind keine Schadensersatzansprüche für Sachschäden, sondern dienen der Wiedergutmachung immaterieller Schäden. Diese nicht-finanziellen Verluste werden nur selten entschädigt und nur, wenn eine explizite Rechtsgrundlage für einen Anspruch besteht. Neben Artikel 253 Absatz 2 des deutschen Bürgerlichen Gesetzbuches (Schmerzen und Leiden) gibt es Artikel 15 Absatz 2 der AGG (Entschädigung). Es kann sich nur um einen solchen Schadensersatzanspruch handeln. Dies setzt voraus, dass die individuellen sachlichen Anforderungen dieser Auftragsgrundlage erfüllt sind

2. Lösungssuche

Der Anspruch auf Entschädigung nach Artikel 15 (2) AGG besteht, wenn seine Voraussetzungen erfüllt sind:

I . Anwendungsbereich der offenen AGG

Sachlich § § 1, 2 AGG: Ja; § 2 Absatz 1 Nr. und § 1

Personal § 6 AGG: Sophie Segers ist Klägerin § 6 Absatz 1 Satz 2; die Tatsachen enthalten keinen Hinweis auf eine Eigenschaft als solche "AGG".

II. Verletzung des Diskriminierungsverbots § 7 AGG

Mindestens einer der Diskriminierungsgründe nach § 1 AGG betraf:

Ethnische Herkunft: problematisch, dass „ossi“ und/oder „DDR“ dies rechtfertigen Ethnizität ist die offensichtliche Gemeinschaft von Menschen aufgrund derselben Herkunft, Geschichte, Kultur, Territorialität, Sprache, aber auch durch Hautfarbe, Frisur und Kleidung; hier keine eigene Ethnie "Ostdeutscher" (im Gegensatz zu "Westdeutscher").

Geschlecht: ohne Probleme berührt, da das Wort "Frau" geschrieben wird und mit einem Subtraktionszeichen umzingelt ist.

III. Vorhandensein von Diskriminierung § 3 AGG:

Direkte Diskriminierung § 3 Absatz 1: Die weniger günstige Behandlung aufgrund des weiblichen Geschlechts ist zumindest offensichtlich aufgrund der „weislichen“ Bindung zu einem weniger umzingelten Zeichen. Ausreichend glaubwürdig gemacht, dass aufgrund des Geschlechts benachteiligt (Zeichen weniger - und "Frau").

IV. Keine Rechtfertigung für den Nachteil

Bei direkter Benachteiligung kann eine Begründung von 8 AGG vorgelegt werden: Das Geschlecht ist keine wesentliche und bestimmende berufliche Anforderung für die auszuübende Tätigkeit (Buchhaltung).

V. Abschnitt § 15 Entschädigung der AGG

Die Verletzung des Diskriminierungsverbots führt unabhängig vom Schadensersatzanspruch nach Artikel 15 Absatz 2 AGG zu einem Verschulden. Keine Ausschlüsse / Einschränkungen nach Absatz 15 Absatz 3 offensichtlich Einhaltung der Frist § 15 Absatz 4 erforderlich

VI. Rechtliche Folge

Sophie hat Anspruch auf eine Entschädigung nach Artikel 15 Absatz 2AGG, die ein Höchstgehalt von drei Monatsgehält, wenn Sophie Seghers nicht eingestellt worden wäre, auch wenn er ohne Diskriminierung ausgewählt worden wäre.

2 Die Lösung (formuliert)

Sophie Seger könnte einen Schadensersatzanspruch gegen die Maurer GmbH nach Artikel 15 AGG haben.
Damit dies geschieht, müssten die Voraussetzungen für diesen Ausgangspunkt erfüllt sein.

I. Der Anwendungsbereich der AGG wurde eröffnet. Als Kandidatin für die angekündigte Stelle ist Sophie Segher sowohl durch den Zweck als auch durch den materiellen Geltungsbereich der AGG gemäß § § 1 2 Absatz 1 Nummer 1 AGG ausdrücklich abgedeckt. Sophie Segher ist durch die Kraft Antragstellerin der entsprechenden gesetzlichen Regelung der Beschäftigten im Sinne der AGG. (vgl. § 6 (1) Satz 2 AGG) und ist somit auch persönlich eingetragen.

II. Es ist fraglich, ob die Maurer GmbH ein Diskriminierungsverbot nach Artikel 1 AGG verletzt hat, indem sie den Antrag aufgrund von handschriftlichen Kommentaren nicht berücksichtigt hat (vgl. Artikel 7 AGG).

Die Anmerkungen "OSSI" und "DDR", die jeweils mit einem Subtraktionszeichen verbunden sind, drücken aus, dass ich die Kandidatur von Sophie Seghe nicht mehr als auf ihre ostdeutsche Herkunft zurückzuführen betrachte, obwohl es sich nun um eine Diskriminierung aufgrund der Herkunft von Sophie Segher handeln kann.

§ 1 AGG verbietet in der Regel keine denkbare Diskriminierung. Im Gegenteil, Schutzzweck und Zweck der AGG ist (nur) der Schutz vor Diskriminierung aufgrund der acht in § 1 AGG speziell genannten Merkmale.

Daher sollte eines dieser Merkmale durch die Bezeichnung "Ossi" und "DDR" beeinträchtigt werden.

A. Unter den in § 1 AGG genannten Kriterien kommt nur das Merkmal „ethnische Herkunft" in Betracht. Ethnizität ist die offensichtliche Gemeinschaft der Menschen auf der Grundlage ihrer Herkunft, ihrer Geschichte, ihrer Kultur, ihrer territorialen Verteilung und ihrer gemeinsamen Sprache. Die Zugehörigkeit zur gleichen Ethnie kann sich auch durch Hautfarbe, Frisur und/oder Kleidung manifestieren.

Auch wenn man davon ausgehen sollte, dass die Bezeichnungen "OSsi" und "DDR" ein Gebiet bezeichneten, das seit einiger Zeit existierte, reichte das für eine ethnische Herkunft von "Ostdeutschen" nicht aus. Die oben genannten Unterschiede zwischen "Westdeutschland" und "Ostdeutschland" sind weder so gravieren, dass man hier von verschiedenen ethnischen Gruppen sprechen kann, noch von signifikanten Unterschieden in Sprache, Frisur oder Kleidung. Gleichzeitig darf nicht vergessen werden, dass es Unterschiede zwischen den verschiedenen Regionen Deutschlands gibt, die sich insbesondere in den verschiedenen Dialekten manifestieren. Diese Unterschiede funktionieren jedoch nicht zwischen den Höhen der Demokratischen Republik Deutschland und der Bundesrepublik Deutschland in dem Sinne, dass dies auch dazu führt, dass die jeweiligen alten Staaten jeweils ihre eigenen einheitlichen Ursprünge im Sinne von Ostdeutschland haben und das Deutsch ist. Es gibt also keinen Verstoß gegen eine charakteristische Diskriminierung nach § 1 AGG.

B. Das in § 1 AGG ausdrücklich erwähnte Geschlechtsmerkmal wird jedoch dadurch beeinflusst, dass die Maurer GmbH den handschriftlichen Kommentar „Frau“ mit einem Kreis - dem Lebenslauf von Sophie Seghers beigefügt hat. Es ist offensichtlich, dass die Kombination des Geschlechts mit einem Minuszeichen eine negative Bemerkung ausdrückt.

2. Die Kombination des Minuszeichens mit der geschlechtsspezifischen Bezeichnung "weis" bedeutet auch, dass der Seeger im Sinne von § 3 AGG direkt benachteiligt ist. Sophie Segher wurde aufgrund des Geschlechts weniger günstig behandelt als männliche Kandidaten. Dies ist auch aufgrund der im Rahmen der AGG anwendbaren Regel der zusammengebrochenen Beweislast hinreichend nachgewiesen.

Auch wenn man davon ausgehen sollte, dass die Bezeichnungen "OSsi" und "DDR" ein Gebiet bezeichneten, das seit einiger Zeit existierte, reichte das für eine ethnische Herkunft von "Ostdeutschen" nicht aus. Die oben genannten Unterschiede zwischen "Westdeutschland" und "Ostdeutschland" sind weder so gravieren, dass man hier von verschiedenen ethnischen Gruppen sprechen kann, noch von signifikanten Unterschieden in Sprache, Frisur oder Kleidung.

Gleichzeitig darf nicht vergessen werden, dass es Unterschiede zwischen den verschiedenen Regionen Deutschlands gibt, die sich insbesondere in den verschiedenen Dialekten manifestieren. Diese Unterschiede funktionieren jedoch nicht zwischen den Höhen der Demokratischen Republik Deutschland und der Bundesrepublik Deutschland in dem Sinne, dass dies auch dazu führt, dass die jeweiligen alten Staaten jeweils ihre eigenen einheitlichen Ursprünge im Sinne von Ostdeutschland haben und das Deutsch ist. Es gibt also keinen Verstoß gegen eine charakteristische Diskriminierung nach § 1 AGG.

B. Das in § 1 AGG ausdrücklich erwähnte Geschlechtsmerkmal wird jedoch dadurch beeinflusst, dass die Maurer GmbH den handschriftlichen Kommentar „Frau“ mit einem Kreis - dem Lebenslauf von Sophie Seghers beigefügt hat. Es ist offensichtlich, dass die Kombination des Geschlechts mit einem Minuszeichen eine negative Bemerkung ausdrückt.

2. Die Kombination des Minuszeichens mit der geschlechtsspezifischen Bezeichnung "weis" bedeutet auch, dass der Seeger im Sinne von § 3 AGG direkt benachteiligt ist. Sophie Segher wurde aufgrund des Geschlechts weniger günstig behandelt als männliche Kandidaten. Dies ist auch aufgrund der im Rahmen der AGG anwendbaren Regel der zusammengebrochenen Beweislast hinreichend nachgewiesen.

V. Ergebnis

Segher hat Anspruch auf eine Reklamation gegen die Maura GmbH für einen angemessenen monetären Ausgleich gemäß Artikel 15 Absatz 2 AGG.

N.B.: Die Höhe der Entschädigung beträgt grundsätzlich maximal drei verlorene Monatsgehälter, wenn der Geschädigte nicht eingestellt wurde, auch wenn die Auswahl frei von Nachteilen war.

Es gibt keine Abschlussangaben nach § 15 Absatz 3. Wenn Segers seinen Anspruch innerhalb der Frist von zwei Monaten nach Artikel 15 Absatz 4 der AGG schriftlich geltend macht, hat er Anspruch auf eine angemessene Entschädigung.

III. Lehr Diskussion

- Laut Professor Dr. jur. Olive Haag (1)

Auch eine marginale Beschäftigung auf Basis von 450 Euro ist in der Regel eine Teilzeitbeschäftigung, die ebenfalls unter die allgemeinen (Schutz-) Regelung des Arbeitsrechts fallen. Es gibt nur Vorsicht im Sozialversicherungsrecht und im Steuerrecht, die einen Job mit 450 Euro besonders attraktiv machen sollte.

Das Diskriminierungsverbot nach § 4 TzBfG gilt auch für diese "Mini-Arbeitnehmer" - sie haben Anspruch auf bezahlten Urlaub, die Aufrechterhaltung der Lohnzahlung bei Krankheit und die proportionale Gewährung von Sonderzahlungen des Unternehmens. (1) (Oliver Haag: Das Arbeitsrecht für die dümmies 4. Auflage S. 69 Wiley Verlag GmbH & Co. KGaA, Weinheim 2019)

Für Wolfgang Däubler

Über die Anwendungsfälle von Big-Data-Analysen, den Kauf von "Personal Software", die mit Algorithmus problematisch ist, und die Mitverwaltung des Betriebsrats,

Die Verletzung der Antidiskriminierungsgesetze, einschließlich der Aufklärung des Arbeitgebers über die Antidiskriminierungsgesetze in Abschnitt 3 AGG, erfordert, dass die Umstände und Informationen, mit denen das System "versorgt" wird, leicht zu bestimmen sind.

Unter der Annahme, dass der Algorithmus davon ausgeht, dass Menschen, die in der Vergangenheit eine längere Dienstzeit hatten, in der Regel treue Angestellte sind, sind Frauen und Einwanderer benachteiligt, die im Durchschnitt eine deutlich kürzere Dienstzeit haben.

Eine empirische Behauptung, dass größere Polizisten erfolgreicher sind als kleinere, unterscheidet sich nicht nur nach externer Entscheidung, sondern benachteiligt auch Frauen, die im Durchschnitt kleiner sind als Männer.

Dass diese diskriminierenden Regeln bei der Entwicklung des Algorithmus eine Rolle gespielt haben und in das behandelte "Material" aufgenommen wurden, ist für den Bewerber oder den einzelnen Mitarbeiter in der Regel nicht erkennbar. Die Möglichkeit für Bewerber und Arbeitnehmer, sich gegen eine diskriminierende Behandlung zu verteidigen, ist tatsächlich ausgeschlossen.

(1)(Digitalisierung und Arbeitsrecht, Künstliche Intelligenz, Home Office, Arbeit 4.0, 7. Auflage aktualisiert 2020, Von Bund-Verlag GmbH, Frankfurt am Main, siehe 288- 289 R.n 18- 19a)

Die Literatur weist auch darauf hin, dass für Arbeitgeber zwar ein relativ geringes Risiko besteht, eine Entschädigung wegen Diskriminierung nach Artikel 15 AGG zahlen zu müssen. Immer mit der Idee, die Löschung von Beweisen zu verbieten, darf ein von Dritten erhaltener Algorithmus bei der Personalauswahl nicht verwendet werden.

- Walhalla (1)

Gemäß § 1 AGG besteht der Zweck des Gesetzes in der Verhinderung oder Beseitigung von Diskriminierung aufgrund von Rasse oder Herkunft, Geschlecht, Religion oder Überzeugung, Behinderung, Alter oder Geschlechtsidentität.

Und nach § 4 AGG die unterschiedliche Behandlung aus mehreren Gründen, wenn es eine andere Haltung aus mehreren der im ersten Absatz genannten Gründe gibt, kann diese unterschiedliche Behandlung nur nach den Absätzen 8-

10 gerechtfertigt werden und was ich tue, wenn die Begründung auf allen diesen Gründen beruht, darunter aufgrund der unterschiedlichen Behandlung

(1)(P. 74 I. 6 über Teilzeitarbeit und befristete, Teilzeitarbeitsverträge und das Gesetz über befristete Verträge vom 21. Dezember 2000 BGB L. 1S. 1966, zuletzt geändert durch die dritte Bürokratieentlastung von Dewald, die November 2019 ist, BGB L. Eins. P. 1746.) (Fachverlage Walhalla das gesamte Arbeitsrecht, die Rechtsgrundlage zwischen Arbeitgeber und Arbeitnehmer. / Reform von - Berufsausbildung - Arbeitnehmer - Veröffentlichung 13. Auflage, 2021/ P. 18. I. 1 Allgemeines Gleichbehandlungsgesetz)

Abschnitt 4 Diskriminierungsverbot Ein Teilzeitbeschäftigten darf aufgrund seiner Teilzeitarbeit nicht schlechter behandelt werden als ein vergleichbarer Vollzeitbeschäftigte, es sei denn, es liegen objektive Gründe, die eine andere Behandlung rechtfertigen. Ein Teilzeitbeschäftigte muss zumindest insoweit einen Lohn oder einen anderen teilbaren monetären Vorteil erhalten, als ein Teil seiner Arbeitszeit den Arbeitsstunden eines vergleichbaren Vollzeitbeschäftigten entspricht.

Für Arnd Diringer betont und glaubt, dass in Sachen Gleichbehandlungspflicht

Der Arbeitgeber muss nicht nur die gesetzlichen, Tarif- und betrieblichen Anforderungen sowie die Bestimmungen des jeweiligen Arbeitsvertrags einhalten. Nach dem sogenannten allgemeinen Grundsatz der Gleichbehandlung im Arbeitsrecht ist er auch verpflichtet, alle Arbeitnehmer gleich zu behandeln. Eine Differenzierung ist nur zulässig, wenn sie objektiv gerechtfertigt ist.

Wichtig: Das Gleichbehandlungsgesetz am Arbeitsplatz sieht Reklamationsgründe vor, was bedeutet, dass ein Arbeitnehmer Rechte gegen den

Arbeitgeber geltend machen kann, wenn diese Grundsätze verletzt werden. (1) (Arnd Diringer Wiley- Schnellkurse Arbeitsrecht, die Grundlagen auf einen Blick, vom Arbeitsrechtssystem bis zur Abfindung, Schnelltest mit Aufgaben und Lösungen 1. Auflage 2019, 2019 Wiley - VCH Verlag GmbH & Co. KGaA, Weinheim, p. 108-121)

Beispiel: Wenn beispielsweise aufgrund eines Firmenjubiläums eine Sonderzahlung an die Mitarbeiter des Unternehmens zu zahlen ist, muss der Arbeitgeber den allgemeinen Grundsatz der Gleichbehandlung einhalten.

Die individuell für die Arbeit geschuldete Vergütung
Andererseits kann (unter Berücksichtigung der gesetzlichen, vertraglichen und gesetzlichen Anforderungen) zwischen den Vertragsparteien des Arbeitsvertrags frei ausgehandelt werden kann.

- nach die Meinung der Dr. Adrien Loeser und Dr. Manuel Schuet

Die Einleitung des Arbeitsverhältnisses findet nicht in einem „Rechtsvakuum" statt, sondern schafft vielmehr gegenseitige Rechte und Pflichten. Auch wenn ein Vertrag nicht abgeschlossen wird, besteht bereits ab Vertragsbeginn eine gesetzliche Verpflichtung mit gegenseitigen Rechten und Pflichten und zudem aufgrund vertraglicher Verhandlungen zwischen den beteiligten Parteien und damit bei Pflichtverletzung besteht eine mögliche Haftung sowohl des Arbeitgebers als auch des Klägers. Bei der Einleitung des Arbeitsverhältnisses ist insbesondere das Allgemeine Gleichbehandlungsgesetz (AGG) zu beachten. Sie betrifft fast alle Bereiche der HR-Arbeit und stellt hohe Anforderungen an die Arbeitgeber. Bei Verletzung eines Diskriminierungsverbots ist der Arbeitgeber nach Artikel 15 Absatz 1 AGG verpflichtet, den daraus resultierenden finanziellen Verlust zu entschädigen, wenn er für die Verletzung seiner Pflichten verantwortlich ist.

Bei Verstößen gegen ein Diskriminierungs Kriterium nach Artikel 1 AGG ist der Arbeitgeber auch verpflichtet, immaterielle Schäden gemäß Artikel 15 (2) AGG unabhängig von der Verfehlung zu entschädigen.

In Bezug auf die Diskriminierung von Geschlechts und AGG sind sie der Meinung, dass die AGG im Bewerbungsprozess eingehalten werden muss. Die Diskriminierung eines Bewerbers durch den Arbeitgeber aus Gründen der Rasse, der ethnischen Herkunft, des Geschlechts, der Religion oder der Überzeugung, einer Behinderung, des Alters oder der sexuellen Identität entspricht § 7 Absatz 3 AGG in Verbindung mit § 6 Absatz 1 AGG Verletzung vertraglicher Verpflichtungen.

Und was Divers, Mann, Frau, so sind sie der Ansicht, dass unter den oben genannten Diskriminierungsgründen das Verbot der Diskriminierung aufgrund des Geschlechts in der Praxis eine entscheidende Rolle spielt. Was die Begründung des Arbeitsverhältnisses betrifft, so bedeutet das Verbot der Diskriminierung aufgrund des Geschlechts, dass ein Kandidat nicht abgelehnt werden kann, weil er eine Frau oder ein Mann ist oder weil keine dieser beiden Geschlechtsidentitäten (unterschiedliche Geschlechter) zugeschrieben werden kann. (1) (Thomas Muschiol (Herausgeber) Praktische Kenntnisse des Arbeitsrechts, vom Arbeitsvertrag bis zum laufenden Arbeitsverhältnis bis zur Kündigung 5. Auflage (Aktualisiert Dezember 2021) 2021 Haufe - Lexware GmbH & Co. KG, Freiburg / Seite 43

IV. Quellen:

Das deutsche Gesetz über Diskriminierung am Arbeitsplatz:

- Das Grundgesetz in Deutschland (Grundgesetz) und das deutsche Unternehmensorganisationsgesetz (Betriebsverfassungsgesetz), das gilt, wenn es einen Betriebsrat gibt (Betriebsrat), bieten einen gesetzlichen Schutz vor Diskriminierung.

Die wichtigste Grundlage für Diskriminierungsfälle ist jedoch das Allgemeine Gleichbehandlungsgesetz (AGG), da es ausschließlich darauf abzielt, Nachteile aufgrund von ethnischer Herkunft, Geschlecht, Religion oder Überzeugungen, Behinderung, Alter und sexueller Orientierung zu beseitigen und zu verhindern.

Das Antidiskriminierungsgesetz in Deutschland gilt für alle Bereiche und Phasen des Berufslebens, also sowohl für die Grundvoraussetzungen, unter denen die tägliche Arbeit geleistet wird, als auch für Weiterbildungen, Stellenangebote und Einstellungs- und Einstellungsverfahren.

Das Gesetz über die Gleichbehandlung von Menschen mit Behinderungen (AGG) legt genau fest, welche Regeln und Bestimmungen für Arbeitgeber gelten, aber auch die Rechte der Arbeitnehmer.

Rechte und Pflichten nach dem Allgemeinen Gleichbehandlungsgesetz.

Das Allgemeine Gleichbehandlungsgesetz (AGG) verbietet Arbeitgebern jeden unbegründeten indirekten Nachteil und jeden direkten Nachteil, der auf diskriminierenden Merkmalen beruht.
Vielmehr ist jeder Arbeitgeber verpflichtet, Maßnahmen zu ergreifen, die dem Schutz vor Ungleichheiten und deren Prävention dienen. Er muss eine zuständige

Instanz einrichten, an die sich die betroffenen Arbeitnehmer wenden können, wenn sie sich diskriminiert fühlen, eine sogenannte Beschwerdeinstanz (Beschwerdestelle) im Sinne von Artikel 13 der AGG: Die Beschwerde ist dort angehört, zu prüfen und der Arbeitnehmer über das Ergebnis der Prüfung zu informieren.

Wenn es zu Diskriminierung kommt, ist der Arbeitgeber verpflichtet, alles Notwendige zu tun, um den Nachteil zu beenden. Dazu kann eine Klage gegen die eigenen Mitarbeiter gehören, z.B. in Form einer Abmahnung, einer Neuzuweisung oder Versetzung oder, als letztes Mittel zur Bekämpfung von Diskriminierung, einer Entlassung.

Wird ein finanzieller Schaden durch Diskriminierung verursacht, so hat der Arbeitgeber ihn gemäß den Bestimmungen der AGG in vollem Umfang zu ersetzen. Voraussetzung ist, dass der Arbeitgeber selbst den Nachteil vorsätzlich oder fahrlässig verursacht hat. Handelt es sich nicht um einen finanziellen Schaden, so hat die betroffene Person auch Anspruch auf einen Geldbetrag als Entschädigung, deren Höhe vom zuständigen Arbeitsgericht entschieden wird. In diesen Fällen ist es nicht erforderlich, dass der Arbeitgeber direkt für die Diskriminierung verantwortlich ist, sondern ihm muss auch das nachteiligte Verhalten seiner Mitarbeiter zugeschrieben werden.

Darüber hinaus haben Arbeitnehmer unter bestimmten Voraussetzungen das Recht, die Arbeit (Leistungsverweigerungsrecht) nach Artikel 14 der AGG zu verweigern. Dies ist der Fall, wenn sie belästigt oder Opfer sexueller Belästigung werden und der Arbeitgeber keine Maßnahmen ergreift oder offensichtlich unangemessene Maßnahmen ergreift, um die (sexuelle) Belästigung zu beseitigen.

V. Diskriminierung oder Rassismus im Licht des deutschen Strafrechts

VI. Die Konfrontation der Diskriminierung zwischen deutschem Strafrecht und deutschem Grundgesetz

C. Kongolesisches Recht

I. Definition und Allgemeinheiten

Gemäß der Verfassung der Demokratischen Republik Kongo garantiert der Staat das Recht auf Arbeit, den Schutz vor Arbeitslosigkeit und eine gerechte und zufriedenstellende Vergütung. Das Arbeitsgesetzbuch hingegen sieht vor, dass bei gleichen Arbeits-, Berufsqualifikations- und Ertragsbedingungen der Lohn für alle Arbeitnehmer gleich ist, unabhängig von Herkunft, Geschlecht und Alter. (1)

(1)(Quelle: Artikel 36 der Verfassung der Demokratischen Republik Kongo; Artikel 86 des Arbeitsgesetzbuches, 2002) (www.traitementvotresalaire.com - Arbeitsrecht)

II. Der Kampf gegen Diskriminierung

Die Gewissheit der Gleichstellung der Arbeitnehmer ohne diskriminierenden Geist ist im kongolesischen Arbeitsgesetzbuch zu finden.

So kann die Mutterschaft keinen diskriminierenden Grund darstellen und die gewerkschaftliche Freiheit kann nicht beeinträchtigt werden.

In Übereinstimmung mit der kongolesischen Verfassung, die den Bürgern die Chancengleichheit und ihren Schutz garantiert. Und gemäß dem Gesetz Nr. 15-013 vom 1. August 2015 über die Modalitäten für die Anwendung der Rechte der Frau und der Parität ist Diskriminierung jede Unterscheidung, Ausgrenzung oder Präferenz, die auf einigen Merkmalen diskriminierender Elemente beruht. Als Beispiele werden genannt: - Religion, familiäre Herkunft, sozialer Zustand, Wohnsitz, politische Meinungen oder Überzeugungen, Zugehörigkeit zu einer Rasse, zu einer Ethnie, zu einem Stamm, zu einer kulturellen oder sprachlichen Minderheit.

Alle vorgenannten Merkmale und alle sich daraus ergebenden Praktiken, die mit der Einstellung, der Aufgabenzuweisung, den Arbeitsbedingungen, der Vergütung und anderen Sozialleistungen, der Beförderung und der Kündigung des Arbeitsvertrags gemeinsam haben, sind stillschweigend untersagt.

Es ist gesetzlich verboten, getrennte Einrichtungen, wie Schalter, Eingänge, Theken usw., die einer bestimmten Rasse oder Ethnie vorbehalten sind, zu unterhalten, einzurichten oder unterhalten oder einrichten zu lassen. Und die für diese Straftaten vorgesehene Strafe ist eine Strafdienstbarkeit von höchstens zwei Monaten und eine Geldstrafe, die fünftausend Franken oder nur eine dieser Strafen nicht überschreiten darf. Im Falle eines Rückfalls kann der Richter die Schließung der Einrichtung für einen bestimmten Zeitraum anordnen, der zwei Monate nicht überschießt.

III. Quellen:

- VORSCHRIFTEN ZUR FAIREN BEHANDLUNG AM ARBEITSPLATZ

- Die Verfassung der Demokratischen Republik Kongo, 2011 / Constitution of the Democratic Republic of Congo, 2011;

- Dekret vom 13. Juni 1960 - Diskriminierung in Geschäften und anderen öffentlichen Orten / Dekret vom 13. Juni 1960 - Diskriminierung in Geschäften und anderen öffentlichen Plätzen

- Das Arbeitsgesetzbuch der Demokratischen Republik Kongo, 2002 / Labour Code of the Democratic Republic of Congo, 2002

- Gesetz Nr. 06/018 vom 20. Juli 2006 zur Änderung und Ergänzung des Dekrets vom 30. Januar 1940 über das kongolesische Strafgesetzbuch / Law No. 06/018 of July 20, 2006 amending and supplementing the Decree of January 30, 1940 on the Congolese Penal Code;

- Ministerialbeschluss Nr. 12/CAB.MIN/TPS/114/2005 vom 26. Oktober 2005 zum Verbot sexueller oder moralischer Belästigung bei der Erfüllung eines Arbeitsvertrags / Ministerial Order No. 12/CAB.MIN/TPS/114/2005 of October 26, 2005 prohibiting sexual or moral harassment in the performance of a labor contract;

- (Quellen: Artikel 12 & 13 der Verfassung der Republik Burundi; Artikel 3, 20 und 21 des Gesetzes Nr. 15-013 vom 1. August 2015 über die Modalitäten für die Anwendung der Rechte der Frau und der Parität; Artikel 1-4 des Dekrets vom 13. Juni 1960 - Diskriminierung in Geschäften und anderen öffentlichen Orten - Genehmigung der Gesetzesverordnung Nr. 25-491 vom 1. Oktober 1959 Verbot von Diskriminierung.

D. Französisches Recht

Das Arbeitsrecht ist die Gesamtheit der Rechtsvorschriften, die für die Beziehungen zwischen privaten Arbeitgebern und Arbeitnehmern anlässlich der Arbeit gelten.

Das Arbeitsrecht organisiert die Arbeitsarbeitsbeziehungen zwischen Arbeitgeber und Arbeitnehmer individuell und der Arbeitnehmergemeinschaft. Er betreut viele Bereiche wie Arbeitsvertrag, Entlohnung, Arbeitszeit, Urlaub, Disziplin, Entlassung, Beschäftigung, Ausbildung, Sicherheit und Gesundheitsschutz am Arbeitsplatz, Kollektivverhandlungen, Streik und Personalvertretung.

Das Arbeitsrecht ist ein sich ständig weiterentwickelndes Recht, da es starke soziale, wirtschaftliche und politische Herausforderungen umfasst.

Kein Angestellter oder öffentlicher Bediensteter darf bei der Arbeit in Bezug auf Einstellung, Ausbildung, Gehalt diskriminiert werden.... Dabei kann es sich um rassistische, sexistische, homophobe Diskriminierung, nach Alter oder Gesundheitszustand handeln. Diskriminierung politischer oder gewerkschaftlicher Meinung ist ebenfalls verboten (www.servicespublique.fr)

Diskriminierung am Arbeitsplatz

Diskriminierung am Arbeitsplatz hat einen großen Anteil an Konflikten am Arbeitsplatz.

Diskriminierung ist der Akt der Benachteiligung einer Person aufgrund eines Grundes wie Geschlecht, Alter, Religion oder auch Gesundheitszustand. Jemanden zu diskriminieren ist illegal und strafrechtlich verwerflich. Diskriminierung kann zu jeder Zeit des Lebens eintreten, auch (vor allem) bei der Arbeit. Welche Definition soll man der Diskriminierung geben? Gibt es zulässige Behandlungsunterschiede? Was tun bei Diskriminierung? Die Antworten unten.

Diskriminierung: Was ist das?.

Das Gesetz vom 27. Mai 2008 über verschiedene Bestimmungen zur Anpassung an das Gemeinschaftsrecht im Bereich der Antidiskriminierung unterscheidet und definiert zwei Arten von Diskriminierung: direkte Diskriminierung und indirekte Diskriminierung.

Direkte Diskriminierung

So ist eine Diskriminierung „direkt“ in der Situation, in der eine Person weniger günstig behandelt wird als eine andere in einer vergleichbaren Situation ist, war oder gewesen wäre.

Artikel 1 des GESETZES Nr. 2008-496 vom 27. Mai 2008 gibt uns eine Liste von 23 Diskriminierende Kriterien:
(www.droit-travail.fr)

Indirekte Diskriminierung

Die indirekte Diskriminierung ist weniger explizit.

Sie ist scheinbar neutral und ergibt sich aus einer Bestimmung/einem Kriterium/einer Praxis, die auf der Grundlage eines der oben genannten Kriterien eine Person gegenüber einer anderen benachteiligt.

Verbot von Diskriminierungen

Allgemeines Prinzip der Nichtdiskriminierung

Vorgesehen in den Artikeln 1132-1 ff. des Arbeitsgesetzbuches sowie in den Artikeln 225-1 ff. des Strafgesetzbuches.

Diskriminierung ist verboten. Die vorgenannten Artikel sehen insbesondere die Anwendung des Grundsatzes der Nichtdiskriminierung im Rahmen der Arbeit vor, und zwar in vielen Situationen: die Einstellung eines neuen Arbeitnehmers, die Entzug eines Arbeitnehmers, die Erneuerung eines Vertrages, die Versetzung oder Beförderung in eine andere interne Stelle, das Gehalt und alle Formen der Vergütung , die Ausbildung, die Wiedereingliederung oder die übertragenen Aufgaben.

Wer ist vor Diskriminierung geschützt?

Das Diskriminierungsverbot erfolgt sowohl gegen Arbeitnehmer, als auch für Praktikanten oder Auszubildende.

Wie kann man Diskriminierung am Arbeitsplatz anprangern?

Schutz für Arbeitnehmer, der Diskriminierung anprangert

Zunächst heißt es in Artikel 3 des Gesetzes vom 27. Mai 2008, dass „Keine Person, die in gutem Glauben eine diskriminierende Handlung bezeugt oder darüber berichtet hat, darf dadurch ungünstig behandelt werden. Keine Entscheidung, die einer Person nachteiligt, kann auf ihrer Unterwerfung oder Weigerung, sich einer Diskriminierung zu unterwerfen, beruhen.“

So muss jeder, der wahrscheinlich von einer Diskriminierungssituation in seinem Unternehmen Kenntnis hat, darüber sprechen, er wird geschützt und kann nicht sanktioniert werden.

Verschiedene Möglichkeiten, Diskriminierung anzuprangern

Eine Diskriminierende Situation kann auf verschiedene Arten angeprangert werden:

Kündigung des betroffenen Arbeitnehmers oder eines seiner Kollegen,

Greifen Sie den Verteidiger der Rechte,

Die Arbeitsaufsichtsbehörde ergreifen,

Warnrecht der Personalvertreter,

Klage einer Gewerkschaftsorganisation. (Gewerkschaft).

Der Arbeitnehmer, der diskriminiert wird, kann auch andere Handlungsmöglichkeiten bevorzugen, wie die Mediation (die das Eingreifen eines Mediators voraussetzt), die Transaktion (Dokument aus einer Vereinbarung zwischen Arbeitnehmer und Arbeitgeber, das einen Rechtsstreit beendet, ohne auf ein Urteil zu warten) oder auch durch ein partizipatives Verfahren (die Parteien versuchen, eine einvernehmliche Lösung ihrer Streitigkeit zu finden

Nachweis der Diskriminierung

Was den Nachweis einer Diskriminierungssituation betrifft, so legt Artikel L1134-1 des Arbeitsgesetzbuches die Beweisregel fest. Grundsätzlich muss der Nachweis rechtlich von der antragstellenden Person (dem Antragsteller) erbracht werden. Dennoch wurde im Rahmen der Diskriminierung eine „spezielle" Beweisregelung eingerichtet.

Der Einzelne (Arbeitnehmer, Kandidat, Praktikant...), der behauptet, Opfer einer Diskriminierung zu sein, muss dem Richter Sachverhalte vorlegen, die das Vorliegen einer (direkten oder indirekten) Diskriminierung vermuten lassen. Die bloße Vermutung einer Diskriminierung durch den Richter verpflichtet die Beklagte, die Nichtdiskriminierung nachzuweisen.

Hat der Richter Zweifel an der Existenz der Diskriminierung, muss die Partei, die sich verteidigt (Beispiel: der Arbeitgeber), die Objektivität ihrer Entscheidung nachweisen.

Diskriminierende Entlassung

Jede Entlassung, die auf einem diskriminierenden Grund beruht, wird annulliert und der Arbeitnehmer wieder eingestellt. Lehnt er ab, wird die Entlassungsentscheidung nicht aufgehoben, der Arbeitnehmer erhält dann Schadensersatz aufgrund des erlittenen Schadens. Diese Entschädigungen unterliegen nicht den durch die Verordnungen vom 22. September 2017 eingeführten Tarifen.

In gleicher Weise ist jede Bestimmung oder Klausel, die der Arbeitgeber aufgrund eines diskriminierenden Grundes getroffen hat, nichtig. Dasselbe gilt für Disziplinarmaßnahmen und vertragliche Bestimmungen (Kollektivvertrag, Tarifvertrag).

Wann kann man von Diskriminierung am Arbeitsplatz sprechen?

Die nachgewiesenen Diskriminierungssituationen

Es gibt Diskriminierung, wenn der Arbeitgeber andere als arbeitsbezogene Elemente verwendet, um seine Entscheidungen über einen Arbeitsvertrag zu treffen. Diese Situation kann schon beim Vorstellungsgespräch und bis zur Entlassung berücksichtigt werden. Kein Arbeitnehmer darf bestraft, entlassen oder Gegenstand von Maßnahmen sein, die auf Diskriminierung begründen.

Jedem Täter droht eine Freiheitsstrafe von bis zu 3 Jahren Freiheitsstrafe, eine Geldstrafe, die sich auf bis zu 45.000 Euro für natürliche Personen und 225.800 Euro für eine juristische Person erstrecken kann.

Positive Diskriminierungssituationen

Denn es gibt scheinbar diskriminierende Situationen, und doch werden sie nicht als solche anerkannt. So ist es möglich, eine sogenannte positive Diskriminierung durchzuführen. Es geht darum, bestimmte Gruppen von Menschen, die systematisch diskriminiert werden, zu begünstigen, um die Chancengleichheit wiederherzustellen. Frauen (L1142-4 des Arbeitsgesetzbuches) und behinderte Arbeitnehmer (L1133-4 des Arbeitsgesetzbuches) können positiv diskriminiert werden.

Die getroffenen Maßnahmen, die durch objektive Elemente gerechtfertigt sind, sind daher legal. Genauso wie Maßnahmen, die einem wesentlichen und bestimmenden beruflichen Anspruch entsprechen (L1133-1 des Arbeitsgesetzbuches). Beispielsweise können bestimmte Aktivitäten ausdrücklich einer Frau oder einem Mann vorbehalten sein: Künstler, Model, Model...

Illustrationen von Diskriminierungsfällen

Die Sozialkammer des Kassationsgerichts hat sich mehrfach zu Fällen von Diskriminierung am Arbeitsplatz geäußert.(1)

Ein Gourmetrestaurant hatte einen Angestellten für das Tragen von Ohrringen entlassen. In dem Kündigungsschreiben hieß es unter anderem: „Ihr Status im Kundenservice erlaubte es uns nicht, das Tragen von Ohrringen auf dem Mann, der Sie sind, zu tolerieren". Es handelt sich um eine Diskriminierung aufgrund von körperlicher Erscheinung und Geschlecht.

(1)(Cass. Soc, 11. Januar 2012.. Diskriminierung aufgrund der Gewerkschaftszugehörigkeit. Cass, Crim. 13. Mai 1969.) (Www.droit-travail.fr)

III. Quellen:

A. die Rechtsmitteltexte des Arbeitsrechts:

- Internationale Texte (z.B. der internationalen Arbeitsorganisation),
- Die Internationalen Pakte über bürgerliche und politische Rechte von 1966 und der Internationale Pakt über wirtschaftliche, soziale und kulturelle Rechte von 1966
- Europäische Texte über die Europäische Union und durch den Europarat,
- Die Verträge,
- Die Vorschriften,
- Die Richtlinien,
- Die Europäische Sozialcharta,
- Die Europäische Konvention zum Schutz der Menschenrechte und Freiheiten.

B. Die französische Verfassung:

- die Verfassung vom 04.10.1958,
- Die Erklärung des Menschen- und Bürgerrechts von 1789,
- Die Präambel der Verfassung vom 27. Oktober 1946 und die Umweltcharta,
- Gesetze, Verordnungen und Verordnungen,
- Kollektivvereinbarungen und Vereinbarungen,
- Einseitige Gebräuche und Verpflichtungen,
- Die Geschäftsordnung des Unternehmens
- Der Arbeitsvertrag

C. Die Rechtsprechung des Europäischen Gerichtshofs für Menschenrechte, des Gerichtshofs der Europäischen Union, des Verfassungsrates, des Staatsrates und des Kassationsgerichts

E. Die Punkte der Konvergenz und der Meinungsverschiedenheiten

I . Die Konvergenzpunkte

Es gibt mehrere Konvergenzpunkte der Antidiskriminierung in den drei (3) aufgeführten Ländern. Obwohl es einen kleinen Unterschied aus terminologischer Sicht zu haben scheint. Aber der Kampf ist der gleiche. Und die oben erwähnten Diskriminierungsmerkmale in den 3 Ländern bleiben die gleichen.

II. Die Punkte der Divergenzen

In Deutschland:

Fälle, die einen Nachteil rechtfertigen können

Ein Nachteil ist nicht immer eine Diskriminierung. In manchen Fällen ist sie gerechtfertigt, weil es einen verständlichen objektiven Grund gibt. Beispielsweise kann ein Frauenheim unter bestimmten Umständen männliche Kandidaten ablehnen, ohne dass es sich um eine geschlechtsspezifische Diskriminierung im Sinne des Gesetzes handelt. Religiöse Institutionen können für bestimmte Stellen eine Religionszugehörigkeit verlangen. Ebenso wäre es wohl in der Regel gerechtfertigt, einen Kandidaten mit einer körperlichen Behinderung für eine Stelle zu berücksichtigen, die schwere körperliche Arbeit erfordert, in der Regel.

Dagegen gibt es keine Begründung, wenn der Grund für den Nachteil nichts mit der erwarteten Arbeitsleistung zu tun hat und es daher keinen offensichtlichen objektiven Grund gibt. (www.connexion.emploi.de)

Eine regionale protestantische Kirche hat einen Pastorenjob zu besetzen und sucht einen qualifizierten Kandidaten für diese Stelle. Eine der Bedingungen für die Rekrutierung ist der christliche Glaube des protestantischen Typs. Ein Muslim oder Buddhist kann also abgelehnt werden, genauso wie ein Atheist-Kandidat. Das bedeutet, dass Kandidaten, deren Religion oder Überzeugungen nicht "angemessen" sind, weniger günstig behandelt werden können als Kandidaten, deren Religion oder Überzeugungen "angemessen" sind.

Dieses Recht auf Ungleichbehandlung wird über die allgemeine Bestimmung von Artikel 8 der AGG in Artikel 9 Absatz 1 der AGG speziell für Religionsgemeinschaften hinaus geklärt.

Hier heißt es, dass "ungeachtet des § 8" eine differenzierte Behandlung aufgrund von Religion oder Überzeugungen bei der Beschäftigung durch Religionsgemeinschaften, durch die ihnen angegliederten Institutionen, unabhängig von ihrer Rechtsform oder durch Vereine, die sich die Aufgabe machen, eine Religion oder Überzeugungen gemeinsam zu pflegen, "auch zulässig ist", wenn eine Religion oder bestimmte Überzeugungen unter Berücksichtigung der Auffassung, die die betreffende Gemeinschaft oder

Unterschiedliche Behandlung aufgrund der Aktivität,

Gemäß § 8 Absatz 1 AGG ist eine abweichende Verarbeitung aus einem in Absatz 1 AGG genannten Grund zulässig, wenn dieser Grund aufgrund der Art der auszuübenden Tätigkeit oder der Bedingungen für ihre Erfüllung eine wesentliche und bestimmende berufliche Anforderung darstellt, sofern der Zweck rechtmäßig und die Anforderung angemessen ist.

Beispielsweise kann in einem rein weiblichen Verein das weibliche Geschlecht eine unabdingbare Voraussetzung für die Tätigkeit als Geschäftsführerin sein (Vergleichsurteil des Münchner Arbeitsgerichts vom 14. Februar 2011 - 38 Ca 8663/00)

Diskriminierung auf positive Weise,

Zulässigkeit der positiven Diskriminierung,

Vor allem aber ist die Regulierung aus verfassungsrechtlicher Sicht fragwürdig. Absatz 5 AGG erlaubt es, Gründe, die Diskriminierung ausschließen (z.B. Geschlecht), zum Grund für die Gewährung eines Vorteils zu machen. Jede Präferenz für eine Gruppe aufgrund eines der in Absatz 1 AGG genannten Merkmale bedeutet auch, dass eine andere Gruppe aufgrund dieses Merkmals benachteiligt ist.

In der Demokratischen Republik Kongo:

Auf praktischer Ebene ist es bemerkenswert, dass sich das Thema mehr mit dem Schutz von Frauen befasst. Eine lobenswerte Sache. Doch die Umsetzung der Gesetze gegen Diskriminierung vor Gerichten und Gerichten scheint weit von der realen Welt des Rechts entfernt zu sein.

Neben der positiven Diskriminierung gibt es in der Demokratischen Republik Kongo keine, und das ist besser, denn wenn sie in der Demokratischen Republik Kongo entstehen könnte, müsste sie von Gerichten und Gerichten vor Gericht verfolgt werden.

In Wirklichkeit sollte man in RDCONGO eher von Tribalismus als von Rassismus sprechen.

Es wäre wünschenswert, wenn der Tribalismus unter Berücksichtigung mehrerer Strafvollkommik in der Materie durch ein Repressionsgesetz geregelt würde.

Wir wagen es zu glauben, dass, wenn letzteres mit einer schwereren Sanktion unterdrückt wird, und wenn der Staat Kampagnen zur Sensibilisierung für dieses repressive Gesetz durchführen könnte, dies das Gemeinschaftsleben in der Demokratischen Republik Kongo verbessern könnte.

Denn die Geschichte hält mehrere Stämme fest, der Fall des Stammes: „Luba", der mehrmals massakriert wurde. Daher die Notwendigkeit, diesen Begriff im repressiven Regime gut zu regulieren.

In Frankreich:

Obwohl Frankreich ein Land der Freiheit ist, bleibt das Thema bis heute zu diskutieren. Denn es gibt noch viele Fälle, die zu diesem Thema zu prüfen sind.

Frankreich ist vor diesem Phänomen nicht verschont. Es wäre sinnvoll, das Thema zu vertiefen, wann immer es notwendig ist, eine breite Verbreitung zu machen, um das Gemeinschaftsleben zu verbessern.

F. Allgemeine Schlussfolgerung.

Zum Abschluss dieser Arbeit halten wir es für sinnvoll und vernünftig, eine Kampagne zur Popularisierung der Rechte und Pflichten des Arbeitgebers und des Arbeitnehmers im gesamten Arbeitersektor durchzuführen, um dieses Kriegsschiff erfolgreich an den Hafen bringen zu können.

Das Thema bleibt mit mehreren Realitäten in der Welt konfrontiert, obwohl sie unter verschiedenen Räumen. Solange es Diskriminierung unter dem Himmel gibt, wäre es kompliziert und sogar schwierig, diesen erbitterten Krieg zu beenden.

Sicherlich wollen wir vom Wind der Globalisierung mitgerissen werden, Weltbürger haben, was wahrscheinlich bei manchen Menschen der Fall wäre, aber nicht bei den übrigen Individuen, die auf dem Planeten Erde leben.

2.Die Reflexion über einige Casus von La dicrimination im Allgemeinen.

A. In der Demokratischen Republik Kongo.

Wir glauben, dass der am besten verwendete Begriff in der Demokratischen Republik Kongo ist: „Brealismus". Dieser Begriff impliziert Rassismus unter anderen Himmeln.

1. Die Operation: « lititi - Mboka »

Die Geschichte wird die Operation mit dem Namen „liti - Mboka" festhalten.

Diese Operation würde darin bestehen, alle Überreste der Studenten der Universität Kasapa, also Unilu, also der Universität Lubumbaschi, zu vernichten.

Ein echtes Massaker. Studierende aus der Provinz Ecuador, die über die Operation informiert oder informiert sind, sollten nur die gestellte Frage beantworten.

Die Frage: „Liti"

Und die Antwort: „Mboka"

Die Person, die die gestellte Frage nicht richtig beantworten konnte, sollte mit einem Machet-Schlag massakriert werden.

Das Massaker von Kasapa.

Es war eine Weile und ich denke, dass es bis heute ein Phänomen gab, das genannt wurde: „Le blésailles“ es besteht darin, dass die ehemaligen Studenten den neuen Studenten bestimmte Dinge aufzwingen müssten, daraus resultiert zum Beispiel die akademische Begrüßung, die darin bestehen würde, dass das neue Studentmädchen ihre Brust berühren kann, indem sie drei- oder viermal herauskommt. Und der akademische Gruß für den Jungen würde darin bestehen, dass der neue studentische Junge seine intimen Teile berühren und drei- oder viermal rühren könnte.

Der akademische Gruß war nicht die einzige Methode, es gab mehrere.

Eine Tochter eines Korpsgenerals war neu in Kasapa, und nach dem Brauch sollte jede neue Person bléllit sein. Und die Studenten versuchten, die blésaille zu machen, leider oder leider war die Tochter des Generals nicht fügsam, was die Dinge noch schlimmer machte. Sie haben das Mädchen verprügelt. Wer bei seiner Rückkehr nach Hause seinem Vater den General berichtet.

Das Mädchen, das sich rächen will, und die degradierte Rache wird zum Massaker von Kasapa. Nur die Studenten des Äquators wurden verschont.

Es gab ein echtes Massaker, viele Studenten starben.

Frage des Nachdenkens

- was halten Sie von dieser Situation? Könnten wir über Rassismus oder Tribalismus sprechen?

- Bitte begründen Sie die Antwort.

2. Die Operation, den Kongo zu spalten

Der Brief meines Bruders

Von:

Sent: Sat 2011/12/17 09:20 AM

To:

Subject:

An alle meine Brüder und Schwestern „Katangais“,

Betreff: Mein „Beitrag“ zum Sezessionsprojekt, wenn der Auserwählte des Volkes im Kongo die Macht übernimmt.

1. Mit einer Vielzahl von Fragezeichen in mir habe ich den Grad der Argumentation gelesen, der sich im sogenannten Brief der Katanga-Diaspora durchschaut, oder Sie drohen schamlos, dass, wenn Tshisekedi gewählt wird, Katanga in die Abspaltung gehen wird. Ich möchte Ihre Uhr auf den Punkt bringen: Sie vertreten keineswegs die katangaische Meinung. Sie sind eine Handvoll Menschen, unter denen die Ruandischen eingedrungen sind, um das Todesurteil dieses großen Landes zu unterzeichnen, das unser Land ist: den Kongo.

2. In Ihrer Aussage haben Sie die Tatsache angeprangert, dass die Kasaïaner saftige Posten an der Gécamines usw. eingenommen haben. Ich möchte Sie wieder in Ordnung bringen: Als die Belgier in Katanga ankamen, wollten die Kasaier unsere Provinz nicht (sie war reich), weil sie sich mit ihrem Kasai begnügten, wo sie ruhig lebten. Stellen Sie sich die Frage: Warum haben sich die Belgier auf der Suche nach Arbeitskräften dem Kasai zugewandt? Ist es nicht ein Schlag auf die Katangaises-Bevölkerung, den der weiße Mann de facto als Faultiere und Soulards betrachtet hat? Kennen Sie die Geschichte? Glauben Sie, dass die Kasaïaner nach Katanga gekommen sind, um dort Essen zu holen? NEIN. Nehmen Sie sich ein paar Minuten Zeit, um die Geschichte zu lesen: In

den Annalen des CEPSE werden Sie deutlich feststellen, dass die Mühlen von Kakontwe mit Maïs aus Kasai versorgt wurden. Als das Projekt der GCM-DEV mit Krach scheiterte, waren es die Kassai-Schmuggler, die mit der Versorgung der GCM und der SNCC mit in Sambia in Coperbeld (Mulacom etc.) gekauften Maïs begannen.

3. Die wahren Totengräber von Katanga sind die Belgier (indem sie den menschlichen Faktor, den wir sind, angreifen und später die katagische Abspaltung planen), die nichts anderes als unser Kupfer und unser Kobalt sahen. Oft sind es diese Fremden, die die Geschichte und den normalen Verlauf der Ereignisse fälschen, weil sie sich als unehrliche und Plünderer kennen. Als Beweis haben sie kurz nach der Unabhängigkeit des Landes die Abspaltung unserer geliebten Provinz Katanga ausgedacht. Sie benutzten einige Söhne des Landes, um einen Sündenbock in unseren kasaischen Brüdern durch hasserfüllte Propaganda zu finden. Ich möchte Sie darauf hinweisen, dass Kasai voller Diamanten aller Kategorien ist (der einzige natürliche Reichtum, der Botswana zu einem stärker entwickelten Land macht als unsers), aber Kasai ist auch ein Agrarskandal: Nur die Infrastruktur fehlt aufgrund des fehlenden politischen Willens des folgenden Mobutien-Systems. Wussten Sie, dass der Kasai Öl-, Eisen- und Kupfervorkommen in seinem Untergrund besitzt? Es sind die Fremden, die dich beunruhigen und dich gegen deine Brüder aufrichten, um dich besser zu haben und auszunutzen! Ihr Brief ist in einem mehr oder weniger akzeptablen Französisch geschrieben, abgesehen von ein paar Tippfehlern, was zeigt, dass ich es mit gebildeten Menschen zu tun habe, aber was für eine intellektuelle Elite wären Sie? Durchdrungen von Tribalismus? Sie haben Fotos auf Ihrer Website gepostet: außer J. Unter den verstorbenen Sendwe und Tchombé werde ich Mzee Kabila für seinen Mut (wenn auch spät) und Herrn Katumbi hinzufügen, um ein junger Home zu sein, der für fortschrittliche Ideen offen ist. ... Und die anderen, von denen ich nicht viel zu sagen habe... die

aufräublichen Männer wie Kimba, Opfer der Maskerade, die von Fremden orchestriert wird, die ein paar Söhne aus Katanga verwenden, wie es oft der Fall ist.

4. Dann kommen deine Halbgötter (Halbgötter, weil du sie anbetest, während ihre Hände mit Blut befleckt sind, während ihr Ursprung nicht einmal in Katanga liegt: Kyungu, ein Angolaus portugiesischer Herkunft, der als Flüchtling nach Katanga kam, Munongo, ein Mwenda-Msiri aus Tansania, der sich in Ihre Halbgötter sind gekennzeichnet durch eine höllische Fremdenfeindlichkeit gegenüber den Kasaern (Munongo „kifyakiyo", um die Kasaier in den 60er Jahren zu fegen, Kyungu in den 90er Jahren „djuu ya kubatelemusha kwabo, die bilulu"!): Aus blindem Gehorsam Ich schätze auch Mzee Kabila dafür, dass er den Diktator vertrieben hat, obwohl er es ungeschickt tat, indem er die ougando-burundo-rwando-angolesischen Truppen appellierte, aber auf jeden Fall hatte er keine Wahl; aber später verstand er das Spiel und wollte die Betrüger genau so loswerden, wie es Tchombe tat! Leider wurde das Leben des Mzee durch eine direkte oder indirekte Aktion der Ruandischen und ihrer Ableger verkürzt, die derzeit (dafür schäme ich mich sehr) den Sitz des Präsidenten im Kongo einnehmen. Wieder einmal ist ein Sohn aus Katanga(Kapend) Sündenbock, um die Katatanger zu spalten und einen Hyppolite-Fremden mit dem Segen von Kyungu, einem anderen Fremden, alle Totengräber aus Katanga, zu setzen. Immer das gleiche Szenario.

5. Hat Tchombé nicht irgendwelche Verdienste? Obwohl er Fehler gemacht hätte - da die meisten Politiker gezwungen waren, Fehler gegen ihren eigenen Sinn für Patriotismus zu begehen, wegen der absichtlich von der angelsächsischen Todesmaschine ausdrücklich gepflegten Informationsverzerrung (erinnern Sie sich zum Beispiel daran, dass, als Lumumba starb, diese Propagandapresse in die Schlage stellte: „Lumumba auf der Flucht nach Katanga Dennoch weiß man,

dass die Belgier ihn getötet haben, weil sie es selbst gestanden haben) - indem sie sich mit den belgischen Totengräber zusammenschlossen, bis sie sich bereit erklärten, Lumumba auf dem katangischen Boden zu vollenden, und indem sie sich als notwendiges Werkzeug zur Erfüllung der Pläne der Belgier boten (das andere Instrument der Belgier war natürlich Als Premierminister in Kinshasa griff Tchombé auf den ersten Blick das Problem der Ausländer an, die in das Land einmarschieren und unseren Reichtum illegal berauben: Tchombé griff die Kasaer nicht an, sondern griff die Ruandischen an und ließ sie nach Hause gehen. Die glaubwürdigsten Söhne und Töchter von Katanga sind diejenigen, die trotz früherer Fehler den Mut hatten, sich selbst in Frage zu stellen, um auf den richtigen Weg zurückzukehren, um sich den höheren Interessen der ganzen Nation anzuschließen. Dies gilt für jeden anderen Bürger und die Geschichte besteht aus mehreren ähnlichen Beispielen.

6. Kennen Sie die Geschichte? Heute nimmt man einen Ruandischen und nennt ihn „Sohn von Katanga“; aber man wird nicht durch Ernennung Sohn von Katanga: Schande. Ich erkenne mich nicht in Ihnen: Sie verraten die Katanga. Was suchen die Ruandischen in Katanga und im ganzen Osten des Landes? Katanga loslassen (ist es nicht die belgische Abspaltungsagenda, die wieder auftaucht? Und ihr seid die Handwerker? Noch? Haben Sie ein paar Bestechungsgelder bekommen? Ja, ich weiß es und ich hatte zu seiner Zeit diese korrupte Aufforderung abgelehnt, obwohl ihr sie akzeptiert habt, und die dunkle Geschichte des verräterischen Katangais seines Landes vergessen) und den ganzen Osten (Kivu), um ihn an Ruanda zu annektieren oder privilegiert mit Ruanda zugunsten des letzteren Kompromisse einzugehen, kurz eine Balkanisierung und Zersplitterung des Landes, und damit Die Geschichte wird dir folgen, weil du keine Vision hast. Der Kongo wird immer vereint und frei von Tribalismus und „De provincismus“ sein, unterstützen Sie diesen Begriff, bitte!

7. Wussten Sie, dass Katanga mit der Abspaltung eingeschlossen sein wird und der Ausweg aus seinem Reichtum für den Export komplizierter wäre, vor allem für den Fall, dass Angola sich launisch zeigt, wie es heute der Fall ist(dieses Angola, das bereits das Kriegsbe gegen uns erhoben hat, indem es mit Hilfe von Joseph Kabila ein Territorium entrissen hat, das als Die Fahrt wäre über Sambia nach JHB(ein sehr langer Weg, um den Ozean und die westlichen oder asiatischen Märsche zu erreichen? Aber die sambische Presse behauptet jeden Tag, dass Kabila Joseph ruanischer Herkunft ist und seinen Adoptivvater ermordet hat, um dessen Platz in der Präsidentschaft einzunehmen: Werden Sie mit Sambia zufrieden sein? Sehen Sie, dass Katanga ohne den Kongo problematisch sein wird: Ein starker Kongo wird Infrastrukturen wie den berühmten BCK-Plan bis zum Atlantischen Ozean (Katanga – Kasai-Bandundu-Kinshasa-Bas-Kongo) entwickeln und abschließen, ohne jemals wieder vor den Launen der Nachbarländer zu knien, wenn unsere Waren importiert oder exportiert werden müssen Alle Provinzen brauchen einander. Verstanden? Leschen Sie keinen Gott, der seit jeher vom Himmel gejagt wurde! Mögen die Sezessionisten und Tribalisten von Katanga wissen, dass sie uns schämen und dass potenziell Provinzen wie Ecuador oder die Östliche Provinz Katanga in Fläche und Naturreichtum weit überlegen sind. Sobald die Infrastruktur (Straßen, Kommunikation usw.) installiert ist, werden diese Provinzen den Mund von Katanga schließen und Ihre Tribalisten, die Sie lieben, werden in diese Provinzen fliehen. Übrigens verraten sie dich, indem sie mit den Kasaern handeln, während sie dir befohlen haben, diese zu vertreiben: Heuchler!

8. Was sucht dein Halbgott Kyungu? Die Katangais trennen, weil er nicht das Gute des Katatangais sieht, sondern sein eigenes persönliches Interesse. Warum die katangais trennen? Um sie besser zu beherrschen und besser zu plündern: Erinnern Sie sich zum Beispiel an den berühmten Handel mit Kobalt, Schlacken, Uran und Maschinengewehren (Handel, der von diesem berühmten Kyungu,

dem damaligen Gouverneur von Katanga der unheimlichen Erinnerung, initiiert und gefördert wurde), in dem er der einzige Gewinner der Millionen von Dollar war, die sich aus der Plünderung Wir Katangais sind mit leeren Händen zurückgekehrt: dieser Gouverneur, der uns beherrscht und geblutet hat (ich kann sagen, der uns geblendet und verzaubert hat) war der einzige, der die Genehmigungen an die „Glücklichen" Katangais verteilte, um diesen betrügerischen Handel zu machen; aber da die meisten von uns ehrlich sind und es nicht wollten, stimuli Batoto ya mama, welche Rasse bist du? Immer zurück, während die anderen reich werden! » (wörtlich: „Ich verteile euch Genehmigungen für den Handel mit Maschinengewehren und ihr werdet sie an kasaische Insekten verkaufen! Welche Rasse seid ihr, Katangais, Kinder meiner Mutter?!!! ». Er hatte Recht: Wir waren eine andere Rasse als seine, denn er war Kimbundu aus Angola, Sohn der Portugiesen und die Bimbundu betrachteten sich als Weiße in Katanga und damit den Katangais überlegen! Als Katangais fühlte ich mich durch die Worte eines ausländischen und incivique Gouverneurs gedemütigt, der die Menschen dazu drängte, die Ressourcen der GCM und der SNCC zu stehlen.Trotz der eklatanten Verschwendung der katangaischen Reichtümer gab es wie immer naive und verräterische Katangais, um ihm in seiner Arroganz und

9. Ich habe gesehen, wie diese Schafe von Panurge (unsere Brüder, die dieser Verführung bedingungslos gehorcht haben) die Drähte (Kabel) der Oberleitung (um sie betrügerisch in Südafrika zu verkaufen) mit dem Segen des Gouverneurs abgerissen und so die ganzen elektrischen Züge auf dem Abschnitt L'shi-Kamina immobilisiert haben, ohne zu verstehen, dass Andere erlaubten sich sogar, die Hochspannungsleitungen von den Wasserkraftwerken in Delcomunes und Marinel abzuschneiden: Es gab sogar Stürze von Strommasten und schwere Fälle von Stromschlägen! Wie viele hochwertige und brandneue Güter – wie brandneue Hochvolt-Stromaggregate – wurden von Kyungu entführt und in

Johannesburg betrügerisch unter der Bezeichnung Kuyngu-Maschinengewehre verkauft? Diese instutionalisierte Plünderung von Katanga hat einige Katangais glücklich gemacht, die sich mit den schlecht erworbenen Gütern zu der Zeit bereichert haben, als Tshisekedi, der in die Souveräne Nationalkonferenz gewählte Ministerpräsident, die Akten von schlecht erworbenen Gütern wiederbelebte: Verstehen Sie, warum Nguz und Kyungu diesen Auser Aber der Preis ist heute bitter zu schlucken, schwer zu zahlen: Die Gécamines ist gefallen und wird nie wieder aufstehen, wegen dieses „mutoto ya mama", das gekommen ist, um uns zu täuschen! Nur Ausländer oder Menschen ohne Moral und Scham sind dazu in der Lage!

10. Kühnerweise werden Sie es wagen, den Kasaiens den Tod der Gécamines zuzuschreiben, aber diese waren bereits von zu Hause vertrieben: Ihre Ingenieure wurden durch die Analphabeten aus unseren Dörfern ersetzt, dank Kyungu, der ihnen Kaderpositionen versprochen hatte, anstatt sie bei den Feldaktivitäten auf dem Land zu betreuen. Das ist es, was Sie einen Gouverneur nennen, dem Sie gehorchen wie einem Gott, bis Sie sich schmutzig machen, indem Sie die Unschuldigen töten und enteignen. Schande! Der Katangais ist dafür bekannt, ehrlich zu sein, aber er hat einen Fehler, fügsam zu sein wie ein Schaf, das seinen Meister und Schöpfer nicht erkennt: Er wird jedem gehorchen. Er liebt jeden! Erinnere dich an das Lied „Dja lelo" (sicherlich hatte das ganze Zaire damals gesungen und getanzte, aber für Katanga war es der Höhepunkt!). Er sympathisiert mit Fremden von allen Seiten, lehnt aber seine kasaischen Brüder ab und hasst sie. Aber die Kasaer und Katatangais sind aufgerufen, zusammen zu leben, die Geschichte ist klar. Gehorchen Sie nicht dem Prinzip des Machiavellismus. Denken Sie daran, dass die Römer in den eroberten Gebieten fremd waren, aber sie verwendeten dieses Prinzip („dividiert und impera": teilen, um zu regieren), um die Reichtümer dieser Gebiete zu verschwenden. Das hat Kyungu (ein Fremder, dessen Mutter wir nur erkennen) getan, weil er die

Wirksamkeit dieses Prinzips kannte. Es gibt einfach sehr enttäuschende Denklinien, während wir im 21. Jahrhundert sind!

11. Sie wissen nicht, wie verblüfft ich bin, wenn ich, ein Luba aus Katanga, geboren in Haut-Lomami, wenn ich Aussagen wie diese höre: „Sisi baLuba tunabamba Katanga. Katanga ni yetu, baSanga, baHemba na ba Kandembo habawezi kutuchezeya, baLamba ndjoo kikolopo tû.... Tuko natawala pa ba kaRund etc. ». Diese Aussagen haben mich empört und von diesen falschen Kattangen (die dazu dienen, die Pläne der Fremden über uns zu erfüllen) losgelöst; diese Art von Menschen sprachen auch davon, über das zu herrschen, was sie „den nützlichen Katanga" nannten. Also wir Luba, werden als „Profiteure" des nützlichen Katanga wahrgenommen, dieser Katanga der kaRund, der Tchokwe, der Sanga und der Ndembo, der Bemba und der Lamba. Eines Tages, als wir die Kasaiens von einem Bahnhof nach Hause blickten, sagte mir einer meiner großen Freunde Rund: Sei vorsichtig mit unseren Brüdern Luba, sie sind schlimmer als die Kasaiens; sie sind sehr bösartig und wollen uns beherrschen (natürlich wusste mein Freund nicht, wer ich war!). Die Luba, wegen ihrer Ambitionen werden von den anderen Katangais als Parasiten im nützlichen Katanga (also aus dem Bergbau-Haut-Katanga) wahrgenommen, also kommen sie nur, um die anderen Katangais zu regieren oder zu dominieren. Aber wissen Sie es, der ganze Katanga-was?- der ganze Kongo ist nützlich. Nur die Infrastruktur wird den Unterschied machen.

12. Lassen Sie sich nicht von der Infrastruktur täuschen, die von den Belgiern aufgrund der Umstände installiert und gebaut wurde, die von der Dringlichkeit der beiden Weltkriege, gefolgt vom Kalten Krieg, diktiert wurden, lange nach der Berliner Konferenz, die Sie mit willkürlichen Grenzen ausgestattet hat, wobei die Belgier befürchten, dass die Vorkommen von Haut Katanga von den Briten begeistert werden, die bereits die Wissen Sie es gut, alle Provinzen dieses

Landes sind immens reich und ihr Reichtum ist noch nicht begonnen, aber der von Katanga ist bereits erschöpft. Wir brauchen einen vereinten Kongo ist stärker für uns, anstelle eines isolierten Katanga. Ein isolierter Katanga wird von den Ruanden, Kyungu und Profiteuren von Fremden dominiert, also wird Joseph, ein Adoptivsohn, der seinen katangischen Adoptivvater getötet hat, über dir sein! Das ist schade und keineswegs wünschenswert!

13. Schlimmer noch, Sie haben den Namen und das Foto von Joseph „Kabila" auf die Liste gesetzt, der muss Kabila, wie ein Katanger: Sie haben meine Provinz, meinen geliebten Katanga, mit diesem Betrüger beschmutzt. Weil die Katanga gespalten ist: Was suchen Sie? Wohin gehen die Kasaier? Im Kongo? «Wenn Tshisekedi gewählt wird, geht die Katanga in die Abspaltung»! Deine Worte! Was für eine Schande? Ich bin nicht in der UDPS, aber das Gesellschaftsprojekt der UDPS ist das einzige, in dem sich jeder Katangais und jeder Kongolesen leicht wiederfindet.

14. Es waren nicht die Leute der UDPS, die für Tshisekedi gestimmt haben, sondern es waren alle Kongolesen, die dafür gestimmt haben, die das Elend satt haben, sich von unseren Totengräbern gegen unseren Willen führen zu lassen. Man geht nicht wegen eines Mannes in die Abspaltung, nur weil dir sein Gesicht oder sein Kopf nicht gefällt. In der Demokratie und mit ein wenig Bürgersinn klammert man sich nicht an Individuen, sondern an Ideologien, Idealen.Tshisekedi hat Katanga nichts falsch gemacht, aber Kyungu hat unsere Provinz mit dem Ziel geplündert, über kaNdembo, kaRund usw. zu dominieren. Und das ist nicht fair: Die Kasaer waren ein Hindernis für Kyungus böswillige Ambitionen. Wir haben, hilflos, erinnern Sie sich, die sehr schändlichen Taten erlebt, die die Kasaer in Katanga in den 60er und 90er Jahren erlitten haben, hier, in ihrem eigenen Land. Ich möchte Sie darüber informieren, dass ich zur Zeit 1990 nach Kasai gereist bin: Auch dort hatte ein Mobutist-Gouverneur (wie

Kuyngu, ein Mobutist) namens Bashala K.W. M. den Befehl des Marechals erhalten, alle in Kasai lebenden Katangais zu evakuieren (ja, bleiben Sie nicht unwissend: Es

15. Das kasaiische Volk hatte die Tapferkeit, die Fünf-Millionen-Banknoten abzulehnen (die Kyungu von Mobutu akzeptierte und Katanga auferlegte, um dem Marschall zu gefallen, und die ohnehin schon sterbende Wirtschaft der Provinz Katanga ruinierte). Die Kasaer hingegen weigerten sich, das Katanga-Bier zu kaufen, dessen Verkauf Kyungu bereicherte, und antworteten mutig: „Hier im Kasai sind unsere Katangais-Brüder zu Hause, wir gehorchen dem Mobutismus nicht". Als gebildeter und zivilisierter Mann respektierte der kasaiische Gouverneur das Urteil des Volkes. Ich bin Zeuge davon, ich war anwesend, trotz einer gewissen Presse, die sagte, dass der Kasai-Diamant zu den Kasaiern geht und versucht, die kasaische Meinung zu manipulieren.

16. Ebenso sind die Kasaier nicht verantwortlich für die Nicht-Schulbildung der katangais (wie Sie es in Ihrem Ignoranzbrief ausgebreitet haben), es sei denn, Sie sind nie auf die Universitätsbank gegangen! Beachten Sie nur, dass die Kasasien einer strengeren Quote (also fast kein zugänglicher Platz für die Universitäten) unterworfen waren als die von Katanga und allen anderen Provinzen des Landes und dass es darüber hinaus keine Universität gab, die auf den beiden Kasai gebaut wurde. Inwiefern ist unsere niedrige Schulbildungsquote den Kasaiern zuzuschreiben? Lasst uns die Ursache erraten! Bevor ich fertig bin, stelle ich euch ein paar Fragen zum Nachdenken …

17. Was werden wir unseren Kindern sagen? Wenn ein Kasaien dich beschimpft oder dein Eigentum gestohlen hat, soll man ihn dann töten? Nein! Verurteile ihn! Deshalb brauchen wir einen Rechtsstaat ... aber Tötungen oder Abspaltung oder falsche politische Entscheidung oder chronische Eifersucht werden dieses

Problem nicht lösen, denn auch unter den Kattangern gibt es Verräter, Diebe, Arrogante und Übeltäter: Kein Volk ist davon ausgenommen! Was werden wir unseren Kindern sagen? Dass wir unsere kasaischen Brüder verfolgt haben, aus welchem Grund? Dass wir Tshisekedi nicht wollten, weil er kasaisch ist und wir Joseph Kabila (obwohl am Tod des Mzee beteiligt) akzeptiert haben, weil dieser ruandisch ist? Dass wir einen Ruandischen anstelle eines Bruders bevorzugt haben, nur weil dieser aus Kasai stammt? Dass wir in die Abspaltung gehen, weil ein kasaiischer Präsident im Kongo gewählt wird? Was für eine Niedrigkeit? Was werden wir unseren Kindern sagen? Meine Frageserie geht weiter ...

18. Die ganze kongolesische Diaspora auf der ganzen Welt ist vereint und marschiert, um ihre Farbe und ihre Wahl zu zeigen; und du, wo bist du? Gehen Sie auch raus, um Ihre Unterstützung für Mörder wie Joseph zu zeigen (ich bin mir sehr sicher, dass, wenn Mzee das Glück hätte, länger zu leben, er es nicht versäumen würde, die Täuschung dieses Jungen zu entdecken. Julius Cäsar war auch getötet worden, weil er von Brutus, seinem Adoptivsohn, verraten wurde!). Gehen Sie raus, wenn Ihre Sache richtig ist! Bist du nicht aus der Diaspora? Geh auch raus! Wie sehr sind Sie gegen einen kasaiischen Präsidenten in diesem Kongo? Haben Sie noch das Geld aus dem menschlichen Blut erhalten? Ein paar Dutzend Dollar?

19. Hier ist mein letztes Wort: Ich liebe meine Provinz, ich liebe mein Land Kongo, ich liebe DAS GANZE kongolesische Volk dort - darunter diesen kasaiischen Präsidenten (im Moment ist er nicht mehr kasaien: er ist kongolesisch wie ich). Möge mein CONGO leben, vereint und stark, wo ich eines Tages von Süden nach Norden, von Osten nach Westen reisen kann, ohne besorgt zu sein, weder vom Tribalismus, noch von den infiltrierten Ausländern, noch von ihren Milizen, noch von den Räubern, nicht einmal vom Straßenzustand. Denken Sie nach! Durch seine Geschichte, sein Volk, seine großen und kleinen

Reichtümer, seine Provinzen, seine geostrategische Position, kurz sein Erbe, ist der Kongo ein furchterregender Löwe auf dem internationalen Schachbrett: Lasst uns aufhören, ihn zu verstümmeln! Bauen wir's, um eines Tages stolz darauf zu sein! Man braucht oft einen kleineren als sich selbst!

Vielen Dank.
K. M.

Frage der Reflexion:
- Was halten Sie von dem Brief meines Bruders?
- Könnten wir über Rassismus oder Tribalismus sprechen?
- Begründen Sie Ihre Antwort.

B. In Deutschland:

I. Euro 2012 von Mario Balotelli.

Euro 2012 Halbfinale Deutschland gegen Italien

Das Spiel spielt zwischen Deutschland und Italien, Mario Balotelli, afrikanischer Abstammung, eingebürgert italienisch, erzielt zwei Tore zugunsten Italiens.

Aber das Endergebnis wird zwei sein - einer zugunsten von Italien oder Italien gewinnt Deutschland und Deutschland müsste das Gepäck falten, ist nach Hause gekommen, es war das Ende des Euro 2012 für Deutschland.

Am Ende dieses Spiels im Jahr 2012 wird Herr O, der in Deutschland lebt und seit 2009 in Deutschland lebt, feststellen, dass seine Fenster regelmäßig nicht nur einmal, sondern mehrmals nach diesem berühmten Euro-Spiel 2012 zwischen Deutschland und Italien gebrochen wurden, nach Überprüfung stellt sich heraus, dass sein Nachbar Mr. T war dabei, die Fenster regelmäßig von Mr. O und macht folgende Aussagen in diesem Begriff: „Weil Herr Mario Balotelli afrikanischer Herkunft ist, obwohl er italienisch eingebürgert ist, und Herr O, auch nicht eingebürgerter afrikanischer Herkunft ist, der in Deutschland lebt, also sind sie Brüder, weil sie beide afrikanischer Herkunft sind, wie Mario Balotelli Deutschland vor allem dank seines ausgeprägten Debüts gegen Deutschland verloren

Das ist der Grund, der ihn dazu bringt, regelmäßig die Fenster seines Nachbarn Monsieur O zu brechen, so kann er auch Deutschland verlassen und seinem Bruder M.B. folgen. In Italien.

Wie es zur Gewohnheit geworden war, macht eines Tages ein anderer Nachbar von Herrn O und Herrn T, der N. heißt, Herrn O einen Vorschlag mit den Worten: „Da Herr T nicht aufhört, deine Fenster zu brechen,

Ich schlage vor, du hast eine Machchette, ein langes und scharfes Schwert, um auch die Fenster von Herrn T zu brechen und wenn möglich seinen Hund zu töten".

Herr O findet den Vorschlag von Herrn N interessant, stimmt zu, die Fähne zu nehmen, das scharfe Schwert, endlich Rache an Herrn T zu erschießen, bei seiner Rückkehr von der Kirche an einem Sonntagmittag trifft er Herrn T, der noch einmal seine Fenster zerbrach. letzterer nimmt die Mache, die ihm von Herrn N gegeben wurde, geht zur Tür von Herrn T und spricht mit Der Hund dann werde ich deinen Hund töten und ihn heute essen und du wirst für alle Fenster bezahlen, die du zerbrochen hast.

Herr T unter dem Einfluss der Angst ruft die Polizei, da kommen mehrere Polizisten runter und finden Herrn O mit der Handsche, der an die Tür von Herrn T klopft, der auch seine Tür brechen will.

Herr O appelliert an seine Freunde der Kriminalpolizei und diese schlagen Mr. O.

Den Ort zu verlassen und ihm eine andere Wohnung vorzuschlagen, sofern die Ordnung hergestellt ist. Denn sie denken, dass diese Art von Konflikt nie enden wird.

Frage:

1/ Kannst du in dieser Geschichte über Rassismus sprechen?

Bitte beweisen Sie es? Oder in welchen Begriffen kannst du die Begriffe Rassismus erkennen?

2/ was denkst du über den Vorschlag von Mr. N??

3/ was denkst du über die Antwort von Mr. O angesichts des Vorschlags von Mr. N?

4/ was hältst du von dem Vorschlag der Freunde von Mr. O von der Kriminalpolizei? Und von der Antwort von Mr. O

5/ was denkst du über die Reaktion von Mr. T ? Nach der Niederlage Deutschlands gegen Italien?

6/ wenn du den Platz von Mr. O, entweder der Platz von Mr. T, das ist der Platz von Mr. N, das ist der Platz der Freunde von Mr. O, oder entweder der Platz des Freundes von Mr. T, entweder der Platz des Freundes oder Bekannter von Mr. N, was wird deine Reaktion sein?

7/ vergleiche diese Geschichte mit anderen Geschichten, die du über Rassismus kennst, was denkst du darüber?

8 / was ist mit deiner Erfahrung über Rassismus in Deutschland oder anderswo

9 / Was können Eltern angesichts dieser Situation tun?

10 / welchen Unterschied machst du zwischen den Vorurteilen des Rassismus und dem Rassismus an sich?

11/ Was hältst du von Witzen zwischen Freunden, die sich auf Rassismus konzentrieren?

12/ Was denkst du über die Polizei in dieser Geschichte? Sie treffen Mr. O mit einer weißen Waffe in der Hand?

13/ Was hältst du von der Justiz gegenüber Deutschland und der Justiz in der Welt in der Frage des Rassismus?

14/ Welche neuen Ideen gibt es zum Kampf gegen Rassismus? Und was hältst du von diesem Kampf? Gibt es Hoffnung??

Ja oder nein

Rechtfertige deine Antwort.

15/ Wie geht es in Deutschland vor?

16/ was ist mit dem Hund in dieser Geschichte?

17/ Mr. O hat seinen Laptop bis heute verloren, was denkst du?

II. Deutsch Bahn / ein ausländischer Student

Im Jahr 2015

M. O. Als Student an der Universität Bochum war er ein regelmäßiger Student, d.h. er war in Ordnung mit der Universität und hat alle notwendigen und obligatorischen Formalitäten erfüllt.

Er verlässt die Stadt Köln, um eines Morgens zur Universität zu gehen, nimmt den Zug: „RE“ Regionale Bahn“ in Richtung Dortmund durch Düsseldorf und Bochum.

In Düsseldorf stellt sich Benhard ein Kontrolleur vor, der ihn bittet, sein Zugticket vorzulegen. Er stellt ihr ein „Semesterticket“ vor. Auf Französisch das Semesterticket der Studenten.

Zu dieser Zeit hatten Studierende, sowohl im In- als auch im Ausland das Recht, in alle Regionalzüge zu steigen und in der gesamten Provinz Nordrhein Westfalen zu fahren.

Und der Controller verlangt von ihm, die Studentenkarte ausstellen zu lassen, er zeigt es, aber der Controller ist immer noch nicht zufrieden. Er verlangt von ihm seinen Personalausweis. Herr O lehnte ab und stellt fest, dass der Controller die Grenzen überschritten hatte. Und der Kontrolleur ruft die Polizei an.

Ankunft in Düsseldorf HBF (am Bahnhof Düsseldorf) greift die Polizei ein und bittet Herrn O., seine Identitäten vorzulegen, er tut es, aber die Polizei verlangt ihn, auszusteigen. Aus dem einfachen Grund, dass der Controller M. O. nicht will. In diesem Zug.

Er ruft seinen Anwalt vor Ort an, der ihm klar macht, dass es besser wäre, nach unten zu gehen, und die Polizei kann weder mit ihm verhandeln noch etwas tun.

Unter Stress steigt er aus dem Zug aus und nimmt einen anderen Zug, der zu spät angekommen ist. Macht trotzdem seine Prüfung, deren spätere Ergebnisse wegen des Stresses durch den Kontrolleur der Deutschen-Bahn mittelmäßig sein werden.

Frage und Reflexion:
Was halten Sie von dieser Geschichte?

Könnten wir über Rassismus sprechen ja oder nein? Begründen Sie Ihre Antwort

Warum hat sich die Polizei auf der Seite des Controllers arrangiert?

III. Deutsch Bahn / der in Deutschland lebende kongolesische Pastor.

Im Jahr 2014

Ein in Deutschland lebender kongolesischer Pastor nimmt den Zug von Recklinghausen nach Düsseldorf.

Er kauft ein Zugticket, das nach seinem Verständnis das Ticket für die Fahrt gültig sein sollte.

Sie kamen in Duisburg an, ein Kontrolleur der Deutschen -Bahn bat ihn um das Zugticket. Alles glücklich zeigt er es. Aber der Kontrolleur lässt ihn wissen, dass das vom Pastor gekaufte Zugticket für eine andere Fahrt gültig war. Und macht ihm den Vorschlag, ein weiteres Zugticket bei sich zu Hause zu kaufen, wenn er sich weigert, das vom Kontrolleur angebotene Ticket zu kaufen, wird er gezwungen sein, den Strafzettel von 60 Euro zu bezahlen.

Der Pastor findet den ersten Vorschlag gut, und er lässt einen 100-Euro-Schein heraus, um den vom Kontrolleur vorgeschlagenen Schein kaufen zu können.

Der Kontrolleur nimmt die 100-Euro-Note und fotografiert den Pastor ohne seine Zustimmung. Die Nachbarin des Pastors, die eine Deutsche war, fragt den Kontrolleur, warum er sie ohne seine Erlaubnis fotografiert hat?

Leider für den Pastor, da er keine guten Kenntnisse der deutschen Sprache hatte, um die Antwort des Kontrolleurs besser zu verstehen. Aber die Frau macht dem Pastor auf Englisch und Deutsch klar, dass das, was der Herr gerade getan hat, nicht richtig ist.

Der Pastor glaubt, dass er nichts gegen den Kontrolleur der Deutsch-Bahn tun kann.

Er nimmt das neue Zugticket und kommt am Bahnhof Düsseldorf an, also an der Endstation. Er steigt aus.

Nach diesem Vorfall glaubt der Pastor, dass das vom Kontrolleur gemachte Foto in ganz Deutschland zirkuliert hat und seit diesem Tag regelmäßig kontrolliert wurde.

Reflexion

Was halten Sie von dieser Geschichte? Könnten wir ja oder nein über Rassismus sprechen?

Begründen Sie Ihre Antwort

Was halten Sie von der Frau, der Nachbarin des Pastors im Zug?

Was halten Sie von dem Controller?

Literatur:

A. Lehr Quellen :

- Arnd Diringer Wiley- Cours rapides de droit du travail, les bases en un coup d'œil, du système de droit du travail à l'indemnité de licenciement, test rapide avec tâches et solutions. 1ère édition 2019, 2019 Wiley - VCH Verlag GmbH & Co. KGaA, Weinheim, p. 108-121

- Oliver Haag : Droit du travail pour les dümmies 4e édition p. 69 Wiley Verlag GmbH & Co. KGaA, Weinheim 2019)

- Thomas Muschiol (éditeur) Connaissance pratique du droit du travail, du contrat de travail à la relation de travail en cours jusqu'à la résiliation 5e édition (mise à jour décembre 2021) 2021 Haufe - Lexware GmbH & Co. KG, Fribourg

- Walhalla éditeur spécialisé : l'ensemble du droit du travail, la base juridique entre employeur et employé. / Réforme de - Formation professionnelle - Salariés - Parution 13e édition, 2021/ P. 18. I. 1 Loi générale sur l'égalité de traitement

- Wolfgang Däubler : Numérisation et droit du travail, intelligence artificielle, bureau à domicile, travail 4.0, 7e édition mise à jour 2020, Par Bund-Verlag GmbH, Francfort-sur-le-Main, voir 288- 289 R.n 18- 19 a

B. Sites d'internet

- www.antidiskriminierungsstelle.de

- www.connexion.emploi.de

- www.droit-travail.fr

- www.servicespublique.fr

- www.traitementvotresalaire.com - droit du travail

C. Quellen der Rechtsprechung

- Die Urteile und Urteile der verschiedenen Gerichte und Gerichte, die in dieser Arbeit zitiert werden.

D. Quellen des staatlichen Rechts

I. Quellen des deutschen Rechts

Das deutsche Gesetz über Diskriminierung am Arbeitsplatz:

- Das Grundgesetz in Deutschland (Grundgesetz) und das deutsche Unternehmensorganisationsgesetz (Betriebsverfassungsgesetz), das gilt, wenn es einen Betriebsrat gibt (Betriebsrat), bieten einen gesetzlichen Schutz vor Diskriminierung.

- Das Allgemeine Gleichbehandlungsgesetz (Allgemeines Gleichbehandlungsgesetz, AGG)

- Das Antidiskriminierungsgesetz in Deutschland (Antidiskriminierungsgesetz)

- Das Gesetz über die Gleichbehandlung von Menschen mit Behinderungen (AGG)

- Rechte und Pflichten nach dem Allgemeinen Gleichbehandlungsgesetz

- Das Allgemeine Gleichbehandlungsgesetz (AGG) verbietet Arbeitgebern unbegründete indirekte Benachteiligungen und direkte Benachteiligungen, die auf diskriminierenden Merkmalen beruhen.

- Die sogenannte Beschwerdestelle für Diskriminierungsfälle (Beschwerdestelle) im Sinne von Artikel 13 der AGG: Die Beschwerde ist dort zu veranständigen, zu prüfen und den Arbeitnehmer über das Prüfungsergebnis zu informieren.

II Quellen des kongolesischen Rechts

- VORSCHRIFTEN ZUR FAIREN BEHANDLUNG AM ARBEITSPLATZ

- Die Verfassung der Demokratischen Republik Kongo, 2011 / Constitution of the Democratic Republic of Congo, 2011;

- Dekret vom 13. Juni 1960 - Diskriminierung in Geschäften und anderen öffentlichen Orten / Dekret vom 13. Juni 1960 - Diskriminierung in Geschäften und anderen öffentlichen Plätzen

- Das Arbeitsgesetzbuch der Demokratischen Republik Kongo, 2002 / Labour Code of the Democratic Republic of Congo, 2002

- Gesetz Nr. 06/018 vom 20. Juli 2006 zur Änderung und Ergänzung des Dekrets vom 30. Januar 1940 über das kongolesische Strafgesetzbuch / Law No. 06/018 of July 20, 2006 amending and supplementing the Decree of January 30, 1940 on the Congolese Penal Code;

- Ministerialbeschluss Nr. 12/CAB.MIN/TPS/114/2005 vom 26. Oktober 2005 zum Verbot sexueller oder moralischer Belästigung bei der Erfüllung eines Arbeitsvertrags / Ministerial Order No. 12/CAB.MIN/TPS/114/2005 of October 26, 2005 prohibiting sexual or moral harassment in the performance of a labor contract.

III. Quellen des französischen Rechts

A. die Rechtsmitteltexte des Arbeitsrechts:

- Internationale Texte (z.B. der internationalen Arbeitsorganisation)
- Die Internationalen Pakte über bürgerliche und politische Rechte von 1966 und der Internationale Pakt über wirtschaftliche, soziale und kulturelle Rechte von 1966
- Die europäischen Texte über die Europäische Union und durch den Europarat.
- Die Verträge
- Die Verordnungen
- Die Richtlinien
- Die Europäische Sozialcharta
- Die Europäische Konvention zum Schutz des Menschenrechts und der Freiheiten

B. Die französische Verfassung:

- die Verfassung vom 04.10.1958
- Die Erklärung des Menschen- und Bürgerrechts von 1789
- Die Präambel der Verfassung vom 27. Oktober 1946 und die Umweltcharta
- Gesetze, Verordnungen und Verordnungen
- Kollektivvereinbarungen und Vereinbarungen
- Einseitige Gebräuche und Verpflichtungen
- Die Geschäftsordnung des Unternehmens
- Der Arbeitsvertrag

C. Die Rechtsprechung des Europäischen Gerichtshofs für Menschenrechte, des Gerichtshofs der Europäischen Union, des Verfassungsrates, des Staatsrates und des Kassationsgerichts

IV. Quellen des burundischen Rechts

- Artikel 12 und 13 der Verfassung der Republik Burundi;

- Artikel 3, 20 und 21 des Gesetzes Nr. 15-013 vom 1. August 2015 über die Modalitäten für die Anwendung der Rechte der Frau und der Parität;

- Artikel 1-4 des Dekrets vom 13. Juni 1960 - Diskriminierung in Geschäften und anderen öffentlichen Orten - Genehmigung der Gesetzesverordnung Nr. 25-491 vom 1. Oktober 1959 zum Verbot der Diskriminierung in Geschäften und anderen öffentlichen Orten;

- Art. 128 und 234 des Arbeitsgesetzbuches, 2002

Inhaltsverzeichnis

A. Einführung 1
A 1. Die Problematik. 1
A 2. Abgrenzung des Themas: 2
B Diskriminierung / oder Rassismus im deutschen Recht 2
I. Allgemeines und Definition 2
C. Diskriminierung am Arbeitsplatz 4
II. Konkreter Fall und Lösungsvorschlag im Recht 7
III. Lehr Diskussion 14
IV. Quellen: 19
V. Diskriminierung oder Rassismus im Licht des deutschen Strafrechts 21
I. Definition und Allgemeinheiten 21
II. Der Kampf gegen Diskriminierung 21
III. Quellen: 23
D. Französisches Recht 24
III. Quellen: 31
E. Die Punkte der Konvergenz und der Meinungsverschiedenheiten 32
I . Die Konvergenzpunkte 32
II. Die Punkte der Divergenzen 32
F. Allgemeine Schlussfolgerung. 36
2.Die Reflexion über einige Casus von La dicrimination im Allgemeinen. 37
A. In der Demokratischen Republik Kongo. 37
1. Die Operation: « lititi - Mboka » 37
2. Die Operation, den Kongo zu spalten 39
B. In Deutschland: 51
I. Euro 2012 von Mario Balotelli. 51
Literatur: 59

FSC
www.fsc.org
MIX
Papier | Fördert gute Waldnutzung
FSC® C083411

Kolibri 360 GmbH
Ferdinand-Jühlke-Straße 7
99095 Erfurt, Deutschland
produktsicherheit@kolibri360.de

Druck:
CPI Druckdienstleistungen GmbH
im Auftrag der
Kolibri 360 GmbH
Ferdinand-Jühlke-Str. 7
99095 Erfurt